경제개발계획

최상오

1

도서출판 해남

경제개발계획

초판1쇄 인쇄 2023년 2월 20일
초판1쇄 발행 2023년 2월 24일

저 자 최상오
발행인 노현철
발행처 도서출판 해남

출판등록 1995. 5. 10 제 1-1885호
주 소 서울특별시 마포구 마포대로8길 9 영명빌딩 405호
전 화 739-4822 **팩스** 720-4823
이 메 일 haenamin30@naver.com
홈페이지 www.hpub.co.kr

ISBN 978-89-6238-801-5 93320

이 저서는 2021년 대한민국 교육부와 한국학중앙연구원(한국학진흥사업단)을 통해 K학술확산 연구소사업의 지원을 받아 수행된 연구임(AKS-2021-KDA-1250002).

머리말

한국의 장기적인 경제성장을 '라인강의 기적'에 견주어 '한강의 기적'이라고 부른다. 통상 상식으로 생각할 때 일어날 수 없는 일이 일어났을 때나 혹은 아무도 예상하지 않은 일이 일어났을 때 기적이라고 부르는데, 1950년대에 한국의 경제성장을 예상한 사람은 거의 없었다. 1961년 제1차 경제계획을 수립하고 의욕적인 목표를 제시하였던 박정희 정부조차 미래를 확신한 것은 아니었다. 그러나 한국에서 경제성장은 일어났고, 그것도 세계에서 유례없는 높은 성과를 기록하며 달성하였다. 1960년대 이후 한국에서 예상치 못한 일이 일어난 것은 확실하다.

경제성장이 일어난 것과 그것을 사회적으로나 국제적으로 인정받는 것은 별개의 문제이다. 사실 경제성장이 한창 진행중이었던 1960~1970년대 초에도 한국의 경제성장은 주목받지 못하였다. 그러다 1970년대 중반부터 한국의 경제성장은 국내에서보다 국제사회에서 먼저 인정받기 시작하였다. 그 중요한 전기는 경제협력개발기구(OECD)가 1979년에 발간한 보고서에서 공산품 수출을 통해 공업화에 성공한 나라를 신흥공업국(Newly Industrializing Countries, 소위 NICs)이라 부르며 발표한 10개 국가 속에 한국이 포함되면서 한국의 경제성장은 세계적으로 인정받기 시작하였다고 할 수 있다.

한국의 경제성장 경험이 보편적인 현상이었다고 할 수 없음에도 불구하고 중요한 것은 세계의 많은 국가들이 아직도 낮은 소득 수준에서 벗어나지 못하고 있기 때문이다. 주지하듯이, 한국이 경제성장에 필요한 선행조건들을 충분히 구비한 상태에서 출발한 것은 아니었다. 36년간의 식민지를 경험하였고, 1945년 해방을 맞이하였지만 경제적으로 보완적이었던 남한과 북한이 분단되었으며, 정부 수립 직후에는 한국전쟁이 발발하여 그나마 남아 있던 산업시설과 제도가 파괴되는 열악한 상태에서 시작하였다는 점이다.

경제성장을 위한 선행조건이 구비되지 않은 후발국의 경제성장은 시장기구의 작동에 의해 일어나는 자연스러운 과정이 아니다. 경제성장을 중시하고 그것을 일관되게 추진하려는 의지를 갖는 정부의 등장과 역할이 무엇보다도 중요하다고 할 수 있다. 이제까지 많은 연구자들에 의해 제2차 세계대전 이후 경제성장에 성공한 국가들을 대상으로 정부의 역할이 분석되고 이론화되어 소개되었다. 이 책은 정부의 역할에 대한 선행 연구의 성과를 토대로 하면서도 한국의 경제개발계획을 사례로 하여 정부의 역할을 구체적으로 설명하고자 하였다.

경제성장이란 정부의 역할을 비롯하여 민간 기업의 적극적인 참여와 국민들의 협조 등이 원활하게 이루어질 때 발생하는 것이라고 할 수 있다. 이런 점을 고려하여 이 책에서는 정부-기업 간의 관계도 설명하려고 시도하였으나 여전히 정부 조직 및 관료들의 행동 변화에 더 중점을 두었다고 생각한다. 이런 한계에도 불구하고 이 책을 통해 경제개발계획이 경제성장에 어떻게 기여할 수 있었는지를 이해하는 데 도움이 되기를 바란다.

2023. 1

최상오

차례

들어가며

1945년 식민지로부터 해방된 한국[•]은 식민지 경제 구조가 붕괴되면서 경제적으로 매우 어려운 상황에 처해 있었다. 여기에 한반도는 남한과 북한으로 분단되어 내부적으로 정치적 갈등이 확산되었고, 그것은 경제를 더욱 어렵게 만들었다. 1950년 6월에 발발하여 3년 동안 지속된 한국전쟁은 그나마 남아 있던 산업시설, 사회간접자본, 공공시설, 일반 주택 등을 심하게 파괴시켰다. 전쟁이 끝난 직후인 1954년 1인당 국내총생산은 69달러에 불과하였다. 1950년대 한국은 세계 최빈국에 속해 있었으며, 전쟁으로 파괴된 사회와 경제를 재건하는 데 필요한 재원이 부족하여 외국 원조에 의존하여 복구하였다.

한국: 대한민국(Republic of Korea) 혹은 남한(South Korea)을 의미하지만, 1948년 분단체제가 확립되기 이전의 시기에는 한반도 전체를 의미할 때에도 사용하기로 한다.

그러나 1961년 이후 한국경제는, 성장과 정체를 반복하던 1950년대의 추세에서 벗어나 성장 추세로 확실히 전환되었고, 이 추세는 최근까지 이어져 오고 있다. 1990년의 1인당 국내총생산은 6,608달러로

1954년에 비해 무려 96배 증가하였고, 그 이후에도 계속 성장하여 2021년의 1인당 국내총생산은 34,984 달러를 기록하였다(한국은행 경제통계시스템(https://ecos.bok.or.kr). 1인당 국내총생산은 명목액 기준). 제2차 세계대전 이후 한국의 경제성장은 세계적인 차원에서도 아주 예외적인 현상이었다. Maddison(1995: 23~24)의 연구에 따르면, 1950~1992년간 1인당 국내총생산의 연평균 성장률이 5%를 상회하는 국가는 한국, 일본, 대만 세 나라뿐이었는데, 6.2%를 기록한 대만 다음으로 한국은 6%의 성장률로 두 번째를 기록하였다. 이 책의 목적은 한국경제에서 일어난 이러한 변화를 설명하고자 하는 것으로, 특히 한국경제의 성장체제가 확립된 박정희 정부 시기를 중심으로 이 문제를 살펴보고자 한다.

식민지를 경험하였을 뿐만 아니라 한반도가 남한과 북한으로 분단되고, 전쟁을 경험한 나라에서 어떻게 이런 일이 가능하였을까. 후발국의 경제발전 과정에서 수행한 정부의 역할은 이 문제를 이해하는 데 필요한 중요한 열쇠 중의 하나이다. 초기의 연구자들은 환율 현실화, 금리 현실화 등과 같은 한국 정부의 시장 친화적 정책을 강조하였지만, 한국

경제에 대한 다양한 사례 분석이 축적되면서 한국 정부는 시장을 보완하는 차원을 넘어 발전국가(developmental state)●로서 시장에 적극적으로 개입하여 경제성장에 크게 기여하였다고 평가되고 있다.

발전국가: 사유재산과 시장경제를 기본 원칙으로 하면서도 부국강병이란 목표를 위해 국가가 시장에 대해 장기적이면서도 전략적으로 개입하는 국가.

한국에서 정부의 역할은 다양한 분야에서 전개되었다. 이 중 조선, 자동차, 철강 등과 같이 특정 산업을 선정하고 재정 및 금융 등의 지원 정책을 펼쳐 특정 산업을 육성하는 산업정책과 전력, 교통, 통신 등과 같은 사회간접자본을 건설하고 공기업을 설립·운영하고 기업의 수출 활동을 지원하는 정부의 역할은 우리에게 잘 알려진 사실이지만, 잘 알려지지 않은 것도 있다. 이에 해당하는 대표적인 것이 국민경제의 나아갈 방향과 그것을 달성할 전략과 정책을 제시하는 경제개발계획을 수립하고 집행하는 정부의 역할이다. 통상 경제개발계획은 경제발전을 위한 선행조건이 충족되지 못하고, 시장 발달이 미약하며 자원이 부족한 후발국에서 경제적 후진성을 극복하고 선발국 따라잡기(catch-up)에 성공하기 위한 수단으로 이용하는 것이 일반적이었다. 그러나 경제개발계획을 수립하였다고 해서 경제성장이 보장되는 것은 아니었다. 뒤에서 자세히 설명하겠지만, 제2차 세계대전 이후 많은 나라들이 경제개발계획을 수립하였지만, 계획대로 성과를 거두거나 계획을 상회한 실적을 거둔 국가는 한국을 포함하여 소수에 불과하였다. 여기에서는 한국의 경제개발계획이 어떻게 경제성장에 기여할 수 있었는가를 분석하여 하나의 사례로서 한국의 경험을 소개하고자 한다.

경제개발계획과 관련한 선행 연구는 경제개발계획이 경제성장에 긍정적인 영향을 끼쳤다는 전제 위에서 진행되었다. 이와 관련된 초기 연구는 1960년대 초 한국에서 발생한 변화에 주목하는 것이었다. 보다 구체적으로 말하면, 1961년 박정희 정부가 군사정변을 통해 권력을 장악하고 그 정부하에서 제1차 경제개발계획이 수립되고 수정되는 과정이 갖는 역사적 의미를 강조하는 것이었다(Haggard et al. 1991; 木宮正史 1991; 이병천 1999; 박태균 2000). 이들이 공통적으로 강조하는 것은 크게 두 가지이다. 하나는 정치보다 경제에 중점을 둔 박정희 정부가 경제적 이해관계자에 포획되지 않고 자율적인 입장에서 정책과 제도를 수립·집행할 수 있었으며, 다른 하나는 박정희 정부하에서 제1차 경제개발계획이 수립·수정된 것이 1960년대 이후 한국의 경제성장에 결정적인 영향을 끼쳤다는 것이다. 특히 이들은 제1차 경제계획의 수정을 강조하고 있는데, 그것은 공업화 정책의 전환•, 즉 수입대체 공업화에서 수출주도 공업화 정책으로의 전환을 의미하기 때문이었다.

공업화 정책의 전환: 박정희 정부가 왜 제1차 경제계획을 수정하였는가 하는 점에 대해서 이들 연구자들은 서로 다른 주장을 하고 있다. Haggard et al.과 박태균은 미국의 영향을 강조하고, 기미야 다다시(木宮正史)는 미국이 박정희 정부의 수입대체 공업화 전략을 반대해서 남아 있는 '잔여지'로서 수출지향 공업화 전략을 선택하였다는 것이고, 이병천은 제1차 계획의 '내재적 결함'을 강조하고 있다.

경제개발계획이 한국의 경제성장에 중요한 역할을 수행하였다는 견해가 확산됨과 동시에 경제개발계획에 관한 연구는 그것의 역사적 기원을 규명하는 것으로 이동하였다. 박정희 정부하에서 수립된 제1차 경제계획과 경제기획원이라는 기획기구(planning agency)가 이 시기에 처음 도입된 것인가, 아니면 그 이전에도 작성한 경험이 있는가 하는 문제제기였다. 이들 연구가 공통적으로 주장하는 것은 박정희 정부하에서 처음으로 경제개발계획을 작성한 것이 아니라 식민지 시기, 특히 전시경제체제로 전환되는 1930년대 후반부터 기획(planning) 개념과 경제계획을 수립하는 조직으로서 기획기구 및 각종 경제계획이 수립되었다는 것이다(김일영 2008; 박성진 2016). 그러나 식민지기 기원을 강조하는 이들 주장을 수용하기 위해서는 두 가지 사실을 고려해야 한다. 첫째, 식민지기 기원을 강조하는 것이 1960년대 이후 전개된 일련의 변화를 과소평가하는 이유가 될 수 없다는 것이다. 실제 일부 연구에서는 식민지기 기원을 과대평가하여 1960년대 초에 발생한 제도와 정책에서의 변화를 식민지 시기부터 이어져 온 것의 연속선상에서 이해할 수 있으며 전혀 새로운 것이 아니라고 주장하기도 한다. 물론 식민지기의 경험이 해방 이후 한국에서 경제계획을 수립하는데 중요한 자산이 되었지만, 그렇다고 그것으로 1960년대 이후의 변화를 전부 설명할 수 있는 것이 아니라는 것도 분명하다. 이 책에서 1961년을 전후하여 일어난 변화를 중요하게 생각하는 것은 이 시기의 독자성을 인정하기 때문이다.

둘째, 이들 주장이 사실(史實)로서 틀린 것은 아니나 국내적 연관성만 고려하고 있다는 점이다. 러시아가 사회주의 국가로 전환된 이후 경제계획은 수립되기 시작하였고, 특히 제2차 세계대전 이후 후발국은 물론 전쟁 피해를 입은 서유럽 선진 국가들에서도 경제계획을 수립하였다. 이 책에서는 경제개발계획의 역사적 기원에 주목하기보다는 제2차 세계대전 이후 세계적 차원에서 전개된 흐름과 연계하여 한국의 경제계획을 검토하고자 한다.

이상의 연구는 박정희 정부의 경제개발계획이 한국의 경제성장에 긍정적으로 기여하였다고 평가한 것이지만, 최근 연구는 경제계획을 비판적으로 평가하고 있다(차세영 2018; 김보현 2019). 이들은 경제기획원을 중심으로 한 정책결정체계와 그 기반 위에서 수립한 경제개발계획보다 박정희 정부의 성장제일주의 이념이 경제성장에 더 기여하였다고 주장한다. 이들은 그 근거로서 박정희 정부 시기에 수립된 4차례의 경제계획이 계획대로 집행되지 않고 수시로 변경되었다는 점, 경부고속도로 건설, 포항종합제철 공장 건설, 중화학공업육성계획 등과 같이 경제계획에 포함되지 않았던 사업이 추진되고 성공하였다는 점, 1970년대에는 경제기획원이 아닌 청와대 비서실에 중화학공업추진기획단을 설치하여 중화학공업육성정책을 추진한 점 등을 사례로 들고 있다.

물론 이들이 근거로 제시한 것은 사실이지만, 그렇다고 이것을 근거로 경제개발계획과 경제기획원의 역할을 과소평가하는 것은 두 가지 점에서 옳지 않다고 본다. 먼저 지적할 수 있는 것은 경제계획은 박정희 정부의 성장제일주의 이념을 실현시킬 하나의 수단으로 활용하였다는 점이다. 다시 말하면, 경제계획은 정부의 의지가 담긴 목표와 그것을 달성하고자 하는 전략과 정책을 제시하여 민간 기업의 활동을 유도하기 위한 하나의 수단이지 경제계획 그 자체가 목적이 아니라는 점이다. 따라서 경제계획이 계획대로 집행되지 않고 경제 상황의 변화에 맞추어 수시로 수정되는 것은 오히려 정상적인 상황이라고 할 수 있을 것이다. 다음으로 중요한 것은 경제계획의 성격이 실천계획(imperative plan)에서 점차 유도계획(indicative plan)으로 변경되고 있다는 점이다. 실천계획 시기에는 정부가 건설하고자 하는 산업과 공장 규모 등이 목표로서 구체적으로 제시되고 있지만, 유도계획으로 기능할수록 구체적인 목표보다 정책 방향을 제시하는 것이 일반적이다.

위에서 지적한 바와 같이, 경제계획에 중화학공업육성계획이 포함된 것은 아니지만 우리 경제의 나아갈 방향으로 공업 구조의 고도화, 중화학공업 육성은 계속 강조되고 있었다. 경부고속도로 건설이나 포항종합제철 공장 건설 등도 구체적인 규모 등이 명시적으로 제시되지 않았지만, 그것의 건설 및 육성 필요성은 계속 강조되고 있었다. 이와 같이 경제계획이 유도계획의 성격을 띠면서 구체적인 사업계획과 정책은 집행부서나 별도의 집행기구를 통해 추진되는 것이 일반적이었다. 더욱이 사적 소유권을 인정하고 있는 자본주의 경제체제에서 정부가 수립한 경제계획이 경제의 모든 프로젝트와 민간부문의 활동을 포괄할 수 없다는 점을 고려할 때, 이들은 경제기획원과 경제계획을 너무 엄격하게 해석하고 있는 것이 아닌가 생각한다.

이상과 같이 경제계획에 관한 선행 연구는 성장지향적인 박정희 정부의 등장과 제1차 경제계획의 수립 및 수정, 경제계획과 기획기구의 역사적 기원, 경제계획의 잦은 수정 및 경제기획원과 다른 별도의 추진기구의 설립 등과 같은 외형적인 변화에 주목하였다. 이런 점에서 이들 연구는 경제개발계획이 경제성장에 어떻게 기여하였는가를 분석하였다기보다는 경제계획과 경제성장의 인과 관계를 전제하고 박정희 정부 시기의 경제개발계획을 연구하였다는 한계가 있다. 경제계획과 경제성장의 인과 관계를 해명하기 위해서는 경제계획의 기능과 역할에 초점을 맞추어 구체적으로 분석할 필요가 있다. 강광하·이영훈·최상오(2008)는 이런 관점에서 경제계획을 분석한 초기 연구이며, 이 책에서는 이 연구의 문제의식에 동감하여 박정희 정부 시기에 수립된 경제계획의 외형적인 변화보다는 경제계획이 어떻게 경제성장에 기여하였을까라는 관점에서 경제계획의 기능과 역할을 검토할 것이다. 제1장에서는 세계적 차원에서 경제개발계획의 역사를 검토할 것이다. 제2장에서는 박정희 정부의 등장, 제1차 경제계획의 수립 및 수정이 갖는 역사적 의의를 고려하여 박정희 정부 등장 초기의 경제 변화를 구체적으로 검토할 것이다. 제3장에서는 경제기획원의 역할과 경제계획을 수립하는 과정을 구체적으로 분석함으로써 경제계획의 수립 과정이 경제성장에 어떻게 기여할 수 있는가를 설명할 것이다. 제4장에서는 경제계획을 완성하여 발표하였을 때 얻을 수 있는 효과와 그것을 실천에 옮기는 다양한 방식을 검토할 것이다. 결론 부분에서는 이상의 내용을 요약 정리할 것이다.

1

경제개발계획의 역사

제2차 세계대전 이전부터 수립되기 시작한 경제개발계획은 종전 후 일반적인 현상이 되어 대부분의 나라에서 수립되었다. 경제적 후진성을 극복하고자 한 후발국은 물론 전쟁의 피해로부터 신속히 벗어나고자 한 선진국에서도 경제개발계획을 수립하였다. 해방 이후 한국에서 경제계획을 수립한 것은 식민지기 경험의 영향이기도 하지만, 경제적 후진성을 극복하기 위한 하나의 수단으로 경제계획• 을 수립한 이러한 세계적인 흐름의 일환으로 이해할 수 있을 것이다.

경제계획: Waterston(1965)이 조사한 자료에 따르면, 경제계획은 경제개발계획, 부흥계획, 재건계획, 투자계획, 국가계획 등과 같이 다양하게 불리어졌다. 이것은 각 나라가 처한 상황이나 달성하고자 하는 목표, 범위와 절차 등이 다르기 때문이라고 할 수 있을 것이다. 이 책에서는 경제계획, 경제개발계획을 같은 의미로 주로 사용하고, 필요한 경우 부흥계획 혹은 재건계획 등과 같은 용어를 구분하여 사용할 것이다.

세계 속의 경제계획

경제계획 수립 현황

1929년 소련에서 처음으로 경제개발계획이 수립된 이후 지역 혹은 국가 등의 단위에서 정부의 목적을 달성하기 위한 수단으로 경제계획(economic plan)이 수립되었다. Waterston(1965)에 따르면, 185개의 지역이나 국가에서 경제계획이 수립된 것으로 조사되었는데, 여기에서는 이 모든 계획을 구체적으로 다룰 수는 없고 세계적 차원에서 경제계획의 수립 추세를 살펴보는 것에 한정하기로 한다.

표 1은 경제계획을 수립한 국가들을 시기별 및 대륙별로 구분하여 정리한 것이다. 위에서 지적한 바와 같이 180여 개국에 해당하는 모든 나라를 포함한 것은 아니고 각 대륙으로 구분하여 경제계획 수립 빈도가 상대적으로 높은 35개 국가를 정리한 것이다.

이 표를 통해 확인할 수 있는 사실은 크게 두 가지라고 할 수 있다. 첫째, 경제계획은 제2차 세계대전 이전부터 수립되었다는 점이다. 잘 알려져 있듯이, 경제계획은 1929년에 '국가경제를 위한 5개년계획'으로 소련에서 최초로 수립되었고, 1930년대 후반 이후에 다른 국가로 확산되기 시작하였다. 멕시코의 경우 1935년에 1차 6개년계획(1934~1940)이 수립되었고, 쿠바에서는 1937년에 '경제사회재건 3개년계획'이 수립되는 등 주로 중남미 지역의 국가에서 수립되었음을 알 수 있다. 표 1에는 제시하지 않았지만, 이들 국가 이외에도 1933년 이후 인도에서, 1934년 이후 필리핀에서 경제계획을 수립하려는 시도가 진행되었다고 한다(Waterston 1965: 29~30). 그러나 제2차 세계대전 이전에 경제계획을 수립한 경우 소

| 표 1 | 시기별·대륙별 경제계획 수립 현황

기간	제2차 세계대전 이전	1945~1960년	1960년대 초
유럽		그리스(1948, 3회), 네덜란드(1947, 3회), 노르웨이(1948, 3회), 스웨덴(1951, 1회), 이탈리아(1956, 1회), 프랑스(1946, 3회)	그리스(1962), 네덜란드(1966), 노르웨이(1961), 이탈리아(1965), 프랑스(1962)
아시아		대만(1953, 2회), 말레이시아(1950, 3회), 인도(1951, 5회), 인도네시아(1958, 1회), 일본(1955, 2회), 태국(1960, 1회), 필리핀(1947, 5회)	대만(1961), 말레이시아(1961), 인도(1961), 인도네시아(1961), 일본(1961), 필리핀(1962)
		한국(1960, 1회)	한국(1961, 3회)
아메리카	멕시코(1935, 2회), 콜롬비아(1940, 1회), 베네수엘라(1938, 2회), 파라과이(1944, 1회)	베네수엘라(1960, 1회), 브라질(1958, 1회), 아르헨티나(1946, 2회), 칠레(1952, 2회), 콜롬비아(1960, 1회), 파라과이(1955, 1회)	캐나다(1964), 멕시코(1962), 베네수엘라(1963), 브라질(1962), 아르헨티나(1964), 칠레(1961), 콜롬비아(1962), 파라과이(1965)
아프리카		가봉(1948, 2회), 나이지리아(1946, 3회), 모로코(1949, 4회), 케냐(1955, 3회)	가봉(1963), 나이지리아(1962), 모로코(1965), 케냐(1964)
사회주의권	소련(1929, 3회)	소련(1946, 4회)	소련(1961)
	쿠바(1937, 1회)	동독(1948, 4회), 루마니아(1951, 4회), 체코슬로바키아(1947, 5회), 폴란드(1946, 4회), 헝가리(1947, 5회), 북한(1954, 2회), 중국(1956, 2회)	루마니아(1965), 체코슬로바키아(1964), 폴란드(1961), 헝가리(1961), 북한(1962), 중국(1963)

주: 1) 괄호 안의 숫자는 시기별 경제계획을 처음 수립한 연도와 그 시기에 경제계획을 수립한 횟수를 의미한다.

2) Waterston 책의 출판연도(1965)를 고려할 때 1960년대는 1960년대 초까지 조사된 것이다.

자료: Waterston(1965: 592~643), Appendix Ⅲ(National Plans).

련을 제외한 국가들에서는 경제계획이 제대로 실천된 것 같지는 않다(강광하 2000: 6).

둘째, 경제계획은 제2차 세계대전 이후 본격적으로 확산되었다는 점이다. 표에서 확인할 수 있듯이, 이 시기에는 대륙과 경제발전 수준을 가리지 않고 경제계획을 수립하였다. 선진 지역이라 할 수 있는 유럽 대륙에서는 네덜란드, 노르웨이, 프랑스 등이 경제계획을 수립하였다. 가령 프랑스의 경우 1946년에 '제1차 근대화 및 투자계획(1947~1952)'을 수립한 이후 1954년에 제2차 계획(1954~1957)을, 1959년에 제3차 계획(1958~1961)을 수립하였고, 1962년에는 '제4차 경제사회개발계획(1962~1965)'을 수립하였다.

아시아 대륙에서는 한국을 비롯하여 대만, 인도, 일본, 필리핀 등의 국가들이 경제계획을 활발하게 수립하고 있었다. 제2차 세계대전 이전부터 경제계획에 관심을 갖고 있었던 인도와 필리핀은 특히 활발하게 경제계획을 수립하였다. 인도는 콜롬보 계획의 일환으로 1950년에 개발 프로그램(1951~1957)을 수립하였고, 1952년과 1956년에는 각각 제1차 5개년계획(1951~1955)과 제2차 5개년계획(1956~1960)을, 1961년과 1964년에는 제3차와 제4차 5개년계획을 수립하였다. 필리핀은 1947년에 '산업부흥 및 개발 프로그램(1947~1951)'을 수립하였고 1949년에는 '경제부흥 및 개발 프로그램(1949~1953)'을, 1954년과 1959년에는 각각 경제개발 5개년계획(1955~1959)과 경제사회개발 3개년계획(1959~1961) 등을 수립하였다. 대만은 1950년대에 경제개발 4개년계획을 2회 수립하였고, 일본은 경제자립 5개년계획 등을 수립하였다. 한국도 이들 국가들 못지않게 1950년대에 경제계획을 활발하게 수립하였다. 표 1에서는 1960년에 수립된 경제개발 3개년계획(1960~1962)만이 포함되어 1회라고 표기되었는데, 뒤에서 자세히 설명하겠지만, 이것 외에도 이 시기에 경제계획이 수립되었다.

아메리카 대륙에서는 주로 중남미 국가들이 경제계획을 수립하였다. 1940년에 '국가경제를 위한 개발계획'을 수립한 경험이 있는 콜롬비아는 1960년에 '공공투자 4개년계획(1961~1964)'을 수립하였고, 1962년에는 '경제사회개발계획(1961~1970)'을 수립하였다. 브라질은 1958년에 '목표계획(1957~1961)'을, 1962년에 '경제사회개발 3개년계획(1963~1965)'을 수립하였다. 칠레는 1952년에 '1952년 투자계획'을, 1954년에 '농업 및 수송 개발계획'을 수립하는 등 1

년 단위 계획을 수립하였지만, 1961년에는 10개년의 '국가경제개발계획(1961~1970)'을 수립하였다. 이 지역에서의 경제계획은 1950년대 후반 이후부터 연속성을 가지고 수립되는 특징을 보이고 있다. 아프리카 대륙에서도 아직 독립되지 않은 국가를 포함하여 많은 국가들이 경제계획을 수립하였는데, 특히 모로코와 나이지리아가 활발하게 경제계획을 수립하였다. 모로코는 1949년에 장기투자계획(1949~1952)을 수립하였고, 1954년과 1960년에 각각 '2차 근대화 및 투자계획(1954~1957)'과 '5개년계획(1960~1964)'을 수립하였다. 나이지리아는 1946년에 '개발 및 후생 10개년계획'을 수립하였고, 1956년과 1962년에는 각각 연방정부의 경제계획(1955~1960)과 국가개발계획(1962~1968)을 수립하였다.

이상과 같이 경제계획은 제2차 세계대전 이전에도 수립되었지만, 종전 후에 세계적으로 확산되어 본격적으로 수립되었다는 것을 알 수 있다. 이와 같이 경제계획 수립이 제2차 세계대전 이후에 세계적으로 확산된 것은 사회주의 국가의 수립, 소위 '제3세계'라는 신생 독립국의 정치적 독립과 함께 경제적 후진성을 극복하고 선발국을 따라잡거나 국민들의 생활 수준을 향상시키려는 경제적 독립에 대한 열망, 전쟁의 파괴로부터 경제를 재건하고자 하는 목적 이외에도 선진국의 원조나 대부를 받기 위한 필요성 등 다양한 목적에 기인한 것이었다.

자본주의 경제체제의 경제계획

통상 경제계획은 사회주의 경제체제에서 수립되는 것으로 이해하고 있지만, 표 1에서 확인할 수 있듯이, 경제계획은 경제체제를 불문하고 수립되었다. 경제계획을 수립한 빈도에서 자본주의 국가들의 경우보다 사회주의 국가들이 앞서고 있는 것은 분명하지만, 이들 국가에서 경제계획이 훨씬 체계적으로 수립된 것 같지는 않다. 그럼에도 불구하고 어떤 경제체제에서 경제계획이 수립되었는가를 구분하여 이해하는 것은 중요하다.

무엇보다도 중요한 것은 사적 재산권의 인정 여부이다. 제2차 세계대전 이후 사회주의 국가를 수립한 유럽과 아시아 지역의 국가들은 일시에 개인 소유권을 부정한 것이 아니어서 나라마다 사적 소유권이 완전히 부정되는 시기에 차이가 있지만, 기본적으로 주요 산업시설 등은 국가 소유로 전환되었

계획경제(planned economy)와 경제계획(economic plan)

경제체제란 사회에 부존되어 있는 희소한 자원을 배분하는 방식을 의미하는데, 시장경제(자본주의 경제체제)와 계획경제(사회주의 경제체제)로 구분할 수 있다. 수많은 가계와 기업이 시장에서 상호작용하면서 자원 배분이 이루어지는 시장경제와 달리 계획경제는 중앙계획 당국에 의해 자원 배분이 이루어지는 경제체제이다. 여기서 말하는 경제계획은 정부가 달성하고자 하는 경제 목표를 결정하고 그것을 실현시킬 수 있는 전략과 정책을 제시하는 계획을 의미하는 것으로 이론적으로는 어느 경제체제에서도 수립할 수 있는 것이나 여기에서는 시장경제체제에서의 계획을 의미하는 것으로 사용한다.

고 시장을 부정하는 전제 위에서 경제계획을 수립하였다. 그러나 제2차 세계대전 이후 자본주의 국가를 수립한 나라에서는, 경제발전 수준에 따라 시장의 발달 정도에 차이가 있지만, 기본적으로 사적 소유권을 확대하고 시장을 전제한 위에서 경제계획을 수립하였다. 이러한 차이는 경제계획의 수립 절차, 포괄 범위와 집행 방식에서 매우 중요한 의미를 갖는다. 전자에서는 경제계획이 법적 기초 위에서 수립되지만, 후자에서는 정치지도자의 의지를 반영한 행정부의 작업을 통해 수립되는 경향이 있다. 더욱이 경제계획의 포괄 범위나 집행 방식에서도 차이를 보이는데, 전자는 경제의 전 부문을 포함하고 집행은 명령(command)에 근거하여 이루어지지만, 후자에서는 정부의 목표에 따라 계획의 포괄 범위에서 다양한 차이를 보일 것이고 집행은 명령과 유인 구조(incentive system) 등을 조합하여 이루어질 것이다. 역사의 경험을 통해 확인할 수 있듯이, 이러한 차이, 특히 집행 방식에서의 차이는 경제계획의 성패를 좌우하는 매우 중요한 요인이라고 할 수 있다.

여기에서는 자본주의 국가의 경제계획을 대상으로 하여 검토할 것이다. 자본주의 국가는 왜 경제계획을 수립하려고 할까? 앞에서 지적한 바와 같이 자본주의 국가에서 경제계획을 수립하는 이유는 다양하지만, 이것을 한마디로 요약하면, 현재의 경제상태에 만족하지 않은 정부가 이것을 변화시켜 미래에 보다 바람직한 상태로 도달하고자 할 때, 그런데 이러한 변화가 시장기구에 의해 순조롭게 달성될 수 없을 때 경제계획을 수립한다고 할 수 있다(강광하 2000: 122~123). 다시 말하면, 경제계획은 시장이 미발달한 국가에서 현재의 경제 상태를 개선하고자 할 때 수립되는 것으로 경제적 후진성을 극복하고 경제발전을 달성하기 위한 하나의 수단으로 활용되고 있다고 할 수 있다. 이런 점에서 자본주의 경제체제에서 시장과 정부는 상호 대체적인 관계라기보다는 상호 보완적인 관계를 갖고 있으며, 경제발전 초기 단계에서는 정부의 역할이 크더라도 경제가 발전함에 따라 정부의 역할은 줄어들고 시장의 역할이 커진다고 할 수 있다.

자본주의 국가의 경제계획이라 하더라도 각 나라가 처한 상황이나 경제발전 수준에 따라 서로 다른 목표를 상정하고 계획을 수립할 것이기 때문에 경제계획이 모두 동질적이지는 않다. 가령 계획의 목표가 전쟁으로 파괴된 주요 산업시설이나 사회간접자본의 복구 및 건설 등에 있다면, 경제계획은 투자 사업계획 정도를 작성하면 되지만, 경제적 후진성을 극복하고 산업 구조의 변화 등을 지향한다면 국민경제 전체를 포괄하는 종합계획(comprehensive plan)•을 수립해야 할 것이다. 따라서 표 1에서 제시한 자본주의 국가의 경제계획은 동질의 경제계획이라고는 할 수 없다.

종합계획: 사업계획, 부문계획, 총량계획을 전부 포괄하는 계획을 의미한다.

한편, 자본주의 국가에서 경제계획을 수립하였다 하더라도 그 성과는 나라마다 차이가 존재한다. 이론적으로 경제계획이 경제적 후진성을 극복하고 계획에서 상정한 목표를 달성할 수 있도록 이끄는 유용한 수단이라고 정의하지만, 그것을 수립하였다고 해서 정부 목표가 자동으로 달성되는 것은 아니다. 이 책에서는 경제계획을 수립한 나라에서 경제성과의 차이가 발생하는 이유를 검토하고자 하는데, 한국의 경험은 이 점을 이해하는 데 매우 유용한 사례라고 할 수 있다.

한국의 경제계획

제2차 세계대전 이후 한국에서 다양한 형태의 경제계획이 수립되었다. 시기적으로는 이승만 정부 시기에서 시작하여 김영삼 정부의 신경제 5개년계획(1993~1997)까지 포함된다. 그러나 정부의 경제성장에 대한 관심, 그것을 달성하고자 하는 정부의 의지 등에서 박정희 정부 등장 이전과 이후는 분명히 구분된다. 경제계획의 역사를 다루고 있는 이 장에서는 박정희 정부 이전 시기에 수립된 경제계획의 내용을 간략히 소개하기로 한다.

화폐 단위의 변화

한국에서 화폐 단위가 변경되는 통화개혁은 두 차례 이루어졌다. 1953년 2월에 시행된 제1차 통화개혁에서는 화폐 단위가 원(圓)에서 환(圜)으로 변경되었고, 교환비율은 100원 대 1환이었다. 1962년 6월에 시행된 제2차 통화개혁에서는 화폐 단위가 환에서 다시 원으로 변경되었으며 교환비율은 10환 대 1원이었다. 이 책에서 사용하고 있는 환(圜)은 1차 통화개혁 이후 적용된 화폐 단위이고, 원(圓)은 2차 통화개혁 이후 채택된 화폐 단위이다.

1950년대 경제계획

1945년에 일제의 식민 지배로부터 해방된 한국은 경제계획을 수립할 필요가 있었다. 우선 식민지 경제 구조의 붕괴를 의미하는 해방 이후 한국경제는 심각한 혼란에 빠졌는데, 그와 함께 경제적 보완성이 강하였던 남한과 북한이 분단되면서 경제 혼란과 침체는 더욱 악화되었다. 게다가 미군정기에는 다양한 이념을 가진 정치세력들 간의 갈등과 대립으로 산업 생산은 정체하였고 인플레이션은 만성화되어 경제는 제대로 운영될 수 없었다. 1948년 8월에 이승만 정부가 수립된 이후 정치적 혼란과 경제적 침체가 서서히 완화되어 갔는데, 한국전쟁은 이런 추세를 완전히 역전시켰다. 공보처 조사에 따르면, 한국전쟁 동안의 총피해액은 4,105억 9,000만 환(圜)으로 1953년 국민총생산의 85%에 해당하는 막대한 것이었다. 전쟁 피해를 부문별로 보면, 사회간접자본의 피해가 가장 심해 전체의 43%를 차지하였고, 일반 주택은 39%를 차지하였다. 일반 기업체의 피해는 16%였고 그중에서 공업 부문의 피해는 10%를 차지하였지만, 공업시설 자체만 가지고 보면 전쟁 이전에 비해 절반 이상의 생산시설이 파괴되었다(내무부 통계국 1953: 212~229). 이런 상황에서 한국 정부는 희소한 자원을 효율적으로 사용하여 경제 혼란과 파괴된 시설을 복구·재건하고 새로운 시설을 건설하기 위해 경제계획을 수립할 필요가 있었던 것이다.

표 2는 이승만 정부 시기에 수립된 경제계획을 정리한 것이다. 표에서 확인할 수 있듯이, 이승만 정부에서 수립한 최초의 경제계획은 1949년 6월에 작성된 '물동 5개년계획'이었다. 기획처•의 발표에 따르면, 이 계획은 '과거의 최고 실적에 복귀할 산업재건'을 지향하고 '자립경제의 기반을 구축하기 위해 필수적인 기간산업을 건설하거나 생산 능력을 확충하는 것'을 목표로 상정하였다. 그리고 이 계획에서는 목표를 달성하기 위해 국민경제를 농업, 광

기획처: 정부 수립 직후에 재정, 경제, 금융, 산업 등에 관한 종합적 계획의 수립과 예산 편성에 관한 사무를 관장하는 정부조직으로 설립된 기획처는 우리나라 최초의 기획기구였다.

| 표 2 | 이승만 정부 시기에 수립된 경제계획 현황

경제계획	계획기간	비고
물동 5개년계획	1949~1953년	산업부흥 5개년계획
2차 연도 물동계획	1950년 4월~1951년 3월	5개년 물동계획(1949년 작성)
1952년도 부흥물동계획	1951년 7월~1952년 6월	5개년 부흥계획의 1차 연도
1953년도 경제부흥계획	1952년 7월~1953년 6월	5개년 경제부흥계획의 1차 연도
1954년도 한국경제부흥계획	1953년 7월~1954년 6월	
한국경제부흥계획서	1954~1958년	국민소득 목표 제시

물동 5개년계획: 한국은행(1949: 88) 조사에 따르면, 물동 5개년계획은 처음부터 5개년계획이 전부 완성된 것이 아니었고, 우선 1차 연도 계획을 수립하고 그 실적에 비추어 2차 연도 계획을 작성하는 방식으로 수립할 예정이었다고 한다.

업, 제철업, 기계기구공업, 비료공업, 연료공업, 동력공업 등 모두 21개 부문으로 나누어 부문별 국내 소비량, 수출입계획량과 생산목표량을 제시하는 등 종합적인 물자수급계획의 특징을 보여 주었다고 설명하였다(기획처 1949: 25). 그러나 이 계획의 전체 내용을 파악할 수 있는 자료는 존재하지 않으며, 그 일부가 산업부흥 5개년계획을 통해 제시되고 있을 뿐이다.

표 2에서 확인할 수 있듯이, 경제계획은 한국전쟁 중은 물론 전후에도 수립되었다. 이 기간에 수립된 경제계획의 특징은 세 가지이다. 첫째, 1년 단위의 계획으로 수립되었다는 점이다. 1950년 4월에 작성된 물동계획은 1949년에 작성된 물동 5개년계획의 2차 연도 계획으로 작성되었지만, 현재 이에 관

회계연도와 경제연도

정부 활동을 정확히 관리하고 평가하기 위해 정하는 회계연도는 보통 1년 단위의 기간으로 운영된다. 회계연도는 나라마다 다를 수 있고, 같은 나라에서도 시기마다 차이가 있을 수 있다. 정부 수립 이후 한국의 회계연도는 금년 4월에서 익년 3월까지였다. 예를 들어, 1950 회계연도는 1950년 4월에서 1951년 3월까지였다. 그러나 한국경제에서 원조가 차지하는 중요성을 고려하여 이승만 정부는 1951년부터 회계연도와 구분되는 경제연도를 별도로 정해 이에 근거하여 경제계획을 수립하였다. 예를 들어, 1952 경제연도는 1951년 7월에서 1952년 6월까지의 기간을 의미하였다. 이러한 경제연도는 한국 정부가 한국의 회계연도를 미국의 회계연도와 일치시키기 위해 1954 회계연도를 1955년 6월까지 연장하면서 사용하지 않았다. 그러나 회계연도 변경의 효과가 거의 없자 한국 정부는 1년 만에 다시 회계연도를 변경하여 1955 회계연도는 1955년 7월에서 1956년 12월까지였다. 이후 회계연도는 당해 연도 1월에서 12월까지로 변경되었고, 이것은 오늘날까지 이어져 오고 있다.

한 정보는 신문 자료 이외에서는 거의 확인할 수 없다. 물론 신문 자료에서도 산업부문별 생산목표액 정도가 제시되어 있을 뿐이다(조선일보 1950. 4. 19). 1951년, 1952년과 1953년에도 각각 '1952년도 부흥물동계획', '1953년 경제부흥계획', '1954년도 한국경제부흥계획'이 수립되었다. 이들 계획은 1951년 초에 한국전쟁이 38선을 경계로 교착 상태에 빠지면서 전쟁으로 파괴된 시설의 복구와 피난민 구제, 민생 안정 등의 문제를 해결하기 위해 수립되었다. 따라

서 이들 계획은 국민의 기본 수요를 충족시킬 수 있는 생활필수품이나 구호물자의 도입, 남아 있는 시설의 가동에 필요한 원료 및 연료의 도입, 전재시설의 보수 및 복구에 필요한 부분품과 자재 등의 도입 필요량을 제시하는 물자수급계획에 해당하였다(한국은행 1951; 조선일보 1952. 11. 10).

둘째, 이 시기에 수립된 경제계획은 외국 원조에 크게 의존하고 있다는 점이다. 1952년도 경제계획의 경우 물자 도입에 요구되는 총금액은 9억 6,800만 달러였는데, 이 중 37%인 3억 6,200만 달러를 외국 원조로 조달하기로 계획하였다. 1954년도 경제계획에서는 그 비중이 더욱 커져 경제부흥에 필요한 총금액은 6억 2,800만 달러였는데, 이 중 81%인 5억 600만 달러를 외국 원조로 조달하기로 계획하였다(기획처 1953: 10~20). 한국의 경제계획에서 외국 원조의 중요성은, 금년 4월에서 시작하여 이듬해 3월에 끝나는 정부의 회계연도와 구분되는 경제연도를 사용하고 있다는 점에서도 확인할 수 있다. 표 2에서 확인할 수 있듯이, 이 시기 부흥계획의 계획기간은 경제연도라고 하여 이전 연도 7월에서 금년 6월로 설정되었다. 따라서 이 시기 경제계획은 외국 원조가 원활

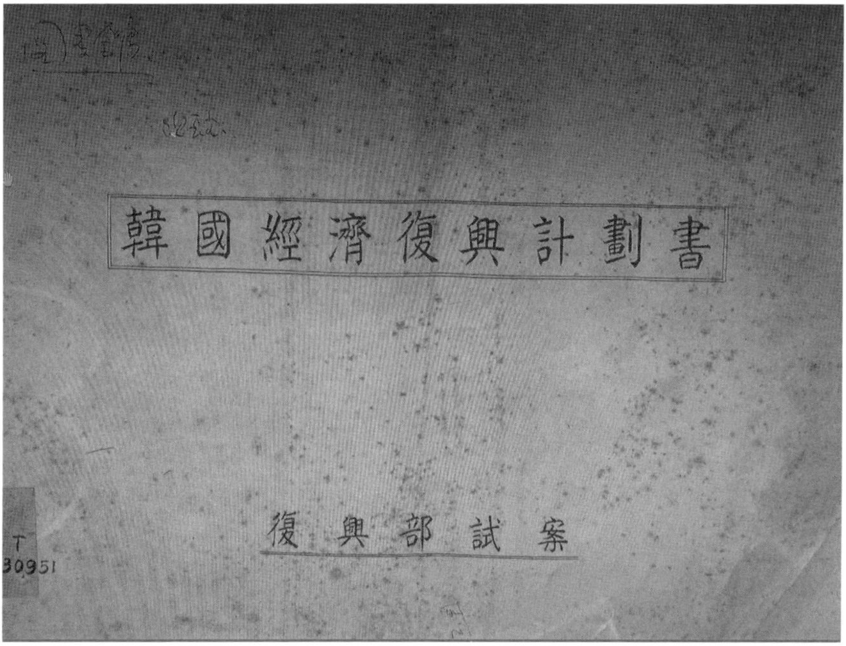
韓國經濟復興計劃書

復興部試案

T
30951

한국경제부흥계획서 표지
이 계획은 정부의 다른 부처나 기타 다른 기관과의 협의가 이루어지지 않은 부흥부 시안이고 1955년 7월에 발표되었다(소장기관: 연세대학교 국학자료원).

하게 도입되느냐의 여부에 좌우되어 집행 수준이 결정되었는데, 한국에 제공된 원조의 대부분을 공급하였던 미국과의 갈등으로 경제계획은 제대로 집행될 수 없었다.

셋째, 1950년대 중반에 5개년계획을 수립하였다는 점이다. 표 2에서 확인할 수 있듯이, 정부 수립 초기부터 5개년계획의 수립 필요성은 널리 공유되었다고 생각한다. 이 시기 경제계획은 1년 단위로 수립되었지만, 그것의 설명 자료에서는 5개년계획의 1차 연도 계획으로 수립되었다고 설명하였다. 더욱이 현실에서는 정부 각 부처가 자신이 관장하는 산업 부문별 5개년계획을 수립하고 있었고, 심지어는 외국 전문 기관이기는 하지만 네이산협회(Nathan Associates)가 1954년에 '한국경제 재건을 위한 경제계획'•이라는 5개년계획(1953~1957)을 수립하였다. 그러나 1955년 이전까지는 여러 경제 부문을 아우르는 5개년계획을 정부 차원에서는 수립·발표한 것 같지는 않다. 표 2에 제시된 '한국경제부흥계획서'는 1955년 7월에 부흥부• 시안으로 공표되었는데, 이것은 정부 차원에서 수립하여 발표한 최초의 5개년계획이라고 생각한다.

한국경제재건계획: 일명 네이산 보고서로 불려지는 이 계획은 운크라(UNKRA)의 의뢰로 네이산협회가 준비하여 수립한 것이다. 한국경제를 거시적 관점에서 체계적으로 분석한 자료가 없던 상황에서 이 보고서는 당시 한국경제를 체계적으로 분석한 귀중한 자료로서 기능하였다. 최근 이 자료에 대한 접근성을 높이기 위해 조영준·류상윤·홍제환(2019)이 이 계획을 번역하여 출판하였다.

부흥부: 1955년 2월에 정부조직법이 개정되면서 이전의 기획처에서 개편된 기획기구이다.

이 계획은 두 가지 점에서 1950년대 초기에 수립된 경제계획과 구분된다. 하나는 국민경제가 지향해야 할 목표를 명시적으로 제시하였다는 점이다. 이전 계획에서는 파괴된 시설의 복구, 구호물자의 도입 등과 같이 민생안정에 필요한 긴급한 물자의 생산과 공급을 강조하였다면, 이 5개년계획에서는 "생산의 증강, 국민소득의 향상을 기하기 위하여 우

리 경제의 기반을 타국 의존으로부터 자립할 수 있게 재건하고 발달시킴에 있다."(강조 저자)는 것을 최종 목표로 제시하여 국민경제의 나아갈 방향을 분명히 제시하였다(부흥부 1955: 5). 다른 하나는 국민소득 목표가 구체적으로 제시되었다는 점이다. 이전 계획에서는 부문별 국내 소비량과 수출입량을 예상하여 부문별 목표 생산량을 제시하는 방식으로 경제계획을 수립하였다면, 이 5개년계획에서는 국민소득을 추계하고 1인당 소득(GNP 기준)을 목표로 제시하였다. 보다 구체적으로 말하면, 한국전쟁 이전의 최고 수준이라고 할 수 있는 1949년의 1인당 소득 87달러를, 이 계획에서는 목표연도인 1958년에 회복하고, 1960년에는 1인당 소득을 100달러로 증가시키겠다는 목표를 제시하였다(부흥부 1955: 17). 이를 위해 경제를 농림업, 광업, 제조업, 전력, 교통 등과 같이 총 11개 부문으로 구분하여 각 산업 부문의 현재 상태와 목표 수준을 제시하고 그에 필요한 재원을 구체적으로 제시하고 있었다.

확실히 이런 특징은 이전 계획에서는 볼 수 없는 것이었지만, 한계도 분명하였다. 국민소득을 추계하는 기술이 조잡하다는 것은 차치하더라도, 국민소득과 부문계획 간의 일관성이 검증되지 않았고, 그것을 달성할 수 있는 정책에 대한 고려가 없었으며, 더욱 중요한 것은 재원 조달(특히 외자)을 위한 구체적인 정책이 수립되지 않았다는 점이다. 이 계획을 실행하는 데 필요한 총외자액 23억 달러 중에서 외국 원조가 차지하는 비중은 73%로 16억 달러였지만, 외국 원조가 감소하는 당시 현실을 해결할 수 있는 대책이 준비되지 않았다. 더욱이 이 계획은 정부 다른 부처와 부문계획 및 정책이 조정되어 수립된 것이 아니라 경제부흥의 필요성을 느낀 부흥부가 독자적으로 정부 각 부처에서 발표한 부문계획을 종합하여 수립한 측면이 강하였다. 이것은 이 계획이 1955년 7월에 발표되었지만 1차 연도가 1954년이라는 점, 그리고 부흥부가 이 계획안을 작성한 것이 '국회, 산업계와 학계의 의견을 반영하고, 정부 각 부처의 심의를 거쳐 정부 최종안을 만들려는' 의도였다는 점에서도 확인할 수 있다(부흥부 1955: 5).

한국경제부흥계획서: 이 5개년계획은 1953년 7월에 이승만 대통령이 국무총리에게 '재건계획 확립 수행의 건'을 지시하고, 이에 근거하여 기획처에서 1953년 8월에 '원조자금에 의한 경제재건계획의 기본방침'을 작성한 것에서부터 시작하였다고 한다.

이상과 같이 1950년대에 수립된 경제계획은 1년 단위이고, 전쟁으로 초래된 공급 부족 문제를 긴급히 해결하기 위한 물자수급계획 위주로 수립되었다고 할 수 있다. 그러나 전쟁이 끝난 이후 경제재건

요구가 확산되면서 장기적 관점에서 국민경제의 나아갈 방향을 제시할 필요가 인식되어 제한적이지만 부흥부 주도로 5개년계획이 작성되었다고 평가할 수 있다.

경제개발 3개년계획(1960~1962)

1950년대 후반 이후 대내외 환경 변화로 장기 경제계획의 필요성은 더욱 확산되었다. 먼저 지적할 수 있는 것은 이승만 정부의 경제정책 목표였던 경제부흥(rehabilitation) 또는 경제재건(reconstruction)이 1950년대 후반에 종료되었다. 이때 말하는 경제부흥이란 한국전쟁 이전 최고 수준으로 인정되는 1949년의 생활 수준으로 다시 회복하는 것을 의미하였는데, 1957년을 전후하여 '주택을 제외하고 거의 모든 부문에서 부흥이 완료'되었다고 인정되었다. 다른 하나는 1950년대 후반부터 미국의 원조정책이 변화하였다. 미국은 한국의 경제부흥의 재원으로 무상원조를 제공하고 있었는데, 1950년대 후반 이후 무상원조를 줄이는 대신 유상차관을 늘리는 정책으로 전환해 갔다. 이런 상황 변화에 따라 한국에서는 우리의 자립 능력을 확대시키고 국민들의 생활 수준

미국 원조액 변화: 미국의 대한 원조액은 1954년에 1억 5,400만 달러에서 1957년에 3억 8,300만 달러로 최고 수준을 기록한 이후 점차 감소하여 1961년에는 1억 9,900만 달러였다. 그 이후 무상원조는 계속 감소하여 1972년에는 500만 달러에 불과하였다.

을 향상시킬 수 있는 경제개발의 필요성과 그 수단으로써 경제개발계획을 수립해야 한다는 공감대가 확산되었다.

경제개발계획 수립을 위한 시도는 기획기구(planning agency)를 설치하는 것으로부터 시작되었다. 후술하겠지만, 기획처의 뒤를 이어 설립된 부흥부는 기획기구로서 한계가 있었기 때문에 별도의 기획기구가 필요하였던 것이다. 기획기구 설치에 주도적인 역할을 수행하였던 송인상 부흥부 장관은 1957년 7월에 경제개발계획 수립을 전담할 '경제개발위원회●'를 부흥부 소속 기관으로 설치하기로 결정하였다. 이어서 송인상 장관은 기획기구 조직과 운영에 필요한 자금으로 원조자금 사용을 미국으로부터 승인받은 이후 기획기구 설치에 필요한 법안을 준비하였다. 1958년 1월에 개최된 제38차 부흥위원회에서 산업개발위원회규정(안)이 통과되었고, 이후 국무회의를 통과하여 1958년 3월 13일에 '산업개발위원회규정'(대통령령 제1349호)이 공식 제정되었다(정진아 2022: 335~337).

이 법에 따르면, 산업개발위원회의 목적(제1조)은 ① 우리나라의 인적, 물적, 자본적 제 자원의 조

경제개발위원회: 경제개발위원회는 제38차 부흥위원회 논의 과정에서 산업개발위원회로 명칭이 변경되었다고 한다.

사와 평가, ② 우리나라의 제반 경제 문제를 해결할 수 있는 최적의 경제 구조의 확립, ③ 우리나라의 제 자원의 효용 극대화를 도모하기 위한 경제정책을 수립하는 것이었다. 산업개발위원회가 본격적으로 활동하기 시작한 것은 농림수산, 광공업, 상역, 공기업, 재정금융 등과 같이 5개 분과위원회를 구성하고 각 분과위원회에서 활동할 고문, 위원, 보좌위원 선임이 완료된 1958년 5월부터였다(정진아 2022: 338~339). 무엇보다도 중요한 것은 경제계획이 지향하는 목표와 과제를 제시하는 작성지침을 완성하는 것이었는데, 이것은 우선 각 분과위원회 위원 중심으로 1958년 8월 중순까지 초안을 완성하기로 하였다. 이렇게 작성된 초안은 고문들이 참석하는 전체회의에 부의되었고, 고문들의 의견을 반영하여 수정되는 과정을 거쳐 작성지침이 최종 완성된 것은 1958년 10월 초였다(정진아 2022: 345~348).

산업개발위원회 구성: 1958년 9월 현재 고문은 22명(농림수산 5명, 상공업 6명, 상역 3명, 공기업 3명, 재정금융 5명), 각 분과위원회 위원은 5명, 보좌위원은 13명(농림수산 2명, 광공업 3명, 상역 2명, 공기업 2명, 재정금융 2명, 종합 2명)이었는데, 이들은 전부 관련 분야 민간 전문가였다.

경제개발 3개년계획은 민간 전문가로 구성된 산업개발위원회 주도로 수립되었다. 작성지침에 근거하여 3개년계획의 시안이 완성된 것은 1959년 3월이었는데(부흥부 1959: 3), 산업개발위원회 위원들은 이 시안을 수립하는 과정에서 정부의 지원이 거의 이루어지지 않았다고 불만을 토로하였다. 게다가 1959년 4월에 분과위원회별로 이 시안에 대한 검토회의*를 개최하였는데, 이때에도 정부 측에서는 부흥부 장관 및 차관, 경제계획관, 기획국장 등 부흥부 관료 일부가 참석하였을 뿐 다른 정부 부처 관료는 참석하지 않았다(부흥부 1959: 1). 시안에 대한 검토회의가 끝난 이후 본격적인 계획 수립 작업에 돌입하였을 때에도 정부의 지원은 거의 이루어지지 않아 사실상 경제개발 3개년계획은 산업개발위원회가 주도하여 1959년 12월에 최종 완성되었다.

*시안 검토회의: 이 회의는 부흥부 장관실에서 농림수산 부문 4월 9일, 광공 부문 4월 10일, 재정금융 및 상역 부문은 4월 11일, 공기업 부문은 4월 14일, 종합토의는 4월 17일에 개최되었다.

표 3은 경제개발 3개년계획의 기본 목적과 중점 과제를 정리한 것이다. 잘 알려져 있듯이, 이 계획은 7개년계획의 전반부 3개년계획으로 수립된 것으로 자립경제체제의 확립이라는 장기적 문제를 해결할 수 있는 기초로서 '자립경제의 기반을 조성'하는 것을 기본 목적으로 삼고 있었다. 3개년계획에서 자립경제의 기반은 크게 두 가지 전략을 통해 달성하려고 하였다. 첫째, '생산력의 극대화'를 통해 자립경제의 기반을 조성하려고 하였다는 점이다. 이 계획에서 말하는 생산력의 극대화란 전 산업 부문, 보다 구체적으로 말하면 소득과 고용에서 가장 큰 비중

| 표 3 | **경제개발 3개년계획의 기본 목적과 중점 과제**

기본 목적	중점 과제	
자립경제의 기반 조성	① 생산력의 극대화 ③ 고용기회의 증대 ⑤ 산업 구조의 근대화	② 국제수지의 개선 ④ 국민생활 수준의 향상

자료: 부흥부(1960: 25).

을 차지하였던 농업에서의 생산 증가는 물론, 공급 부족을 보이고 있는 제조업 부문에서의 생산 증가도 포함되고, 이들 산업의 생산을 뒷받침해 주는 연료, 전력, 교통 등과 같은 사회간접자본 부문에서의 생산 증가를 의미하였다. 이를 통해 이 계획에서는 국내에서 필요한 것은 국내 생산을 통해 공급하여 생산 부족으로 수입에 의존하였던 경제 구조를 개편하여 궁극적으로 국제수지를 개선하고자 하였다. 물론 국제수지의 개선은 이와 같이 수입대체에만 의존하였던 것은 아니고, 1차 산업과 제조업의 생산 증가에서 얻어진 잉여 생산물의 수출을 통해서도 달성하고자 하였다(부흥부 1960: 456~459). 이런 점에서 볼 때, 3개년계획이 상정한 자립경제는 외국 원조가 도입되지 않더라도 한국경제 스스로 지속 가능한 경제 구조를 확립하는 것을 의미하였다고 할 수 있다.

1차 산업 수출 비중: 경제개발 3개년계획에서는 쌀을 비롯한 1차 산업 제품을 가장 대표적인 수출품으로 상정하였다. 1차 연도인 1960년의 수출 예상액은 3,800만 달러였는데, 이 중에서 농산물은 50%, 수산물은 15%, 광산물은 25%로 거의 90%에 육박하였다. 목표연도인 1962년에도 이런 추세는 그대로 유지되어 1차 산업 제품이 수출에서 차지하는 비중은 87%였다.

둘째, 개발 전략으로서 균형성장론을 채택하였다는 점이다. 3개년계획에서 농업 생산 증가를 강조하였던 것은, 위에서 지적한 생산 증가를 통해 궁극적으로 국제수지를 개선하려고 하였던 것에 더해 농가소득을 향상시켜 제조업에 대한 국내 시장을 제공하기 위한 것이었다. 다시 말하면, 3개년계획은 농업 생산 증대를 통해 농가소득을 향상시켜 공산품에 대한 국내 시장을 제공하여 중소기업 중심의 소비재 산업이 발달할 수 있는 기반을 마련하려고 하였다. 물론 국내 생산 증가를 위해서 요구되는 비료, 시멘트, 철강 등과 같은 생산재 산업의 건설·육성도 계획하고 있지만, 생산재 산업의 전면적인 육성은 국내 산업 발달에 따라 그 수요가 확대되는 것에 맞추어 점진적으로 육성하려고 하였다.

정리하면, 경제개발 3개년계획은 외국 원조가 감소하는 상황에서 원조가 감소하더라도 한국경제 스스로 성장할 수 있는 경제 구조, 즉 자립경제의 기반을 조성하겠다는 의도하에서 수립되었다. 그러나 3개년계획은 정부 다른 부처의 지원이나 협조가 거의 없는 상태에서, 그리고 다른 부처와의 정책 조정이 이루어지지 않은 채 부흥부 소속의 일부 관료와 외부 민간 전문가로 구성된 산업개발위원회 중심으로 수립되었다. 이런 점을 고려할 때, 1959년 12월에 최종 완성된 3개년계획이 1960년 1월에 국무회의에 회부되어 같은 해 4월에 국무회의를 통과하였지만 이 계획의 집행은 쉽게 장담할 수 없었다. 물론 3개년계획이 국무회의를 통과한 직후 제1공화국을 무너뜨린 4.19혁명이 발생하여 역사적 사실로써 평가할 수 있는 것은 아니지만, 대통령의 관심 부족, 다른 정부 부처의 협조 결여 등은 이 계획의 집행을 방해하는 요인이었을 것이다.

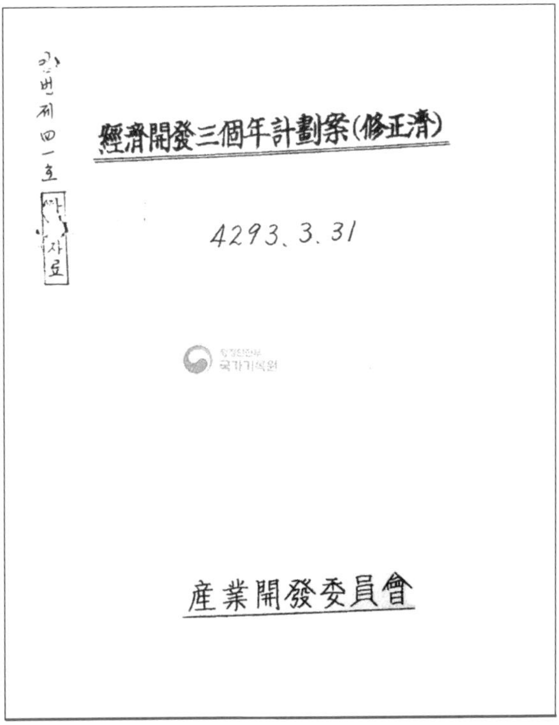
經濟開發三個年計劃案(修正済)

4293. 3. 31

産業開發委員會

경제개발 3개년계획안
1959년 12월에 완성된 이 계획안은 국무회의에 상정되어 논의된 내용을 반영하여 수정하였는데, 그것이 완성된 것은 1960년 3월 31일이었다(소장기관: 국가기록원).

2

제1차 경제개발계획의 수립과 수정

제1차 경제계획의 수립

제1차 경제계획의 수정과 공업화 정책의 전환

제2차 세계대전 이후 기획기구(planning agency) 주도로 세계 대부분의 국가에서 경제계획이 수립되었기 때문에 한 나라의 경제성장을 경제계획의 수립 여부나 기획기구의 존재 여부로만 설명할 수 없을 것이다. 특히, 후발국의 경제개발 초기 단계에서 정부의 역할은 중요한데, 제1차 경제계획의 수립과 수정 과정은 후발국에서 정부의 역할을 구체적으로 검토할 수 있는 유용한 사례라고 할 수 있다.

제1차 경제계획의 수립

경제성장을 정부 목표의 최우선순위에 두고 그것을 달성할 수 있는 전략, 그리고 정책 및 수단을 고안하여 정리한 경제계획을 수립하는 정부의 등장은 경제성장의 필요조건이라고 할 수 있다.

박정희 정부의 등장 의의

박정희 정부•의 등장은 두 가지 점에서 이전 정부와 분명한 차이가 있었다. 첫째, 정치나 통일 문제보다 경제를 정책의 최우선순위에 두고 추진하겠다는 의지가 확고하였다. 이승만 정부는 개발 의지의

박정희 정부: 제3공화국이 공식 출범한 것은 1963년 12월이다. 따라서 1961년 5월 16일부터 1963년 12월까지는 군사정부 기간이라고 할 수 있는데, 여기에서는 이 군사정부 기간을 박정희 정부 혹은 군사정부로 혼용하여 사용할 것이다.

확산과 함께 경제개발에 관심을 두기는 하였지만, 경제보다 정치와 통일 달성에 정책의 우선순위를 두었다. 앞에서 지적하였듯이, 이승만 정부에서도 5개년계획 혹은 3개년계획을 수립하였지만, 이들 계획은 북한과 통일이 되었을 때를 고려하여 경제계획을 수립하거나 자유당의 장기 집권 등과 같은 정치에 관심이 더 많아 부흥부 소속의 일부 관료들과 민간 전문가로 구성된 산업개발위원회 주도로 경제계획이 수립되었다. 4.19혁명의 결과로 집권한 민주당 정부•는 경제개발을 시급히 해결해야 한다는 점을 알고 '경제제일주의'를 채택하였다. 그러나 민주당 정부는 민주당 내 신구파 간의 갈등으로 경제계획을 추진할 경제정책이나 제도개혁을 이루지 못한 채 군사정부에 정권을 넘겨주고 말았다. 박정희 정부도 이런 시대적 요구를 인식하고 경제를 정책의 최우선순위에 두었다. 군사정부가 내건 혁명공약은 이런 사실을 잘 보여 준다. 경제 관련 내용을 포함한 혁명공약 제4항을 보면, 군사정부는 "절망과 기아선상에서 허덕이는 민생고를 시급히 해결하고 국가 자주경제 재건에 총력을 경주한다."고 천명하였고, 후술하겠지만, 이를 실천하기 위한 수단으로 경제

민주당 정부: 4.19혁명으로 이승만 정부(제1공화국)가 붕괴된 이후, 1960년 6월 15일 내각책임제를 골자로 하는 헌법 개정안이 국회를 통과하였고, 이에 근거하여 7월 29일에 실시된 제5대 국회의원 선거에서 민주당이 압도적인 다수를 차지하였다. 이어서 국회에서는 민주당 소속의 장면을 국무총리로 선출하여 제2공화국이 공식 출범하였다. 통상 제2공화국 정부는 민주당 정부 또는 장면 정부라고 부르는데 여기에서도 이 두 용어를 혼용하여 사용하기로 한다.

정치 안정의 중요성: 정치 안정은 경제성장의 필요조건으로서, 특히 개발도상국 경제에서는 경제성장의 전제조건이라고 할 수 있다(Cole and Lyman 1971).

혁명공약

1. 반공을 국시의 제일의로 삼고 지금까지 형식적이고 구호에만 그친 반공 태세를 재정비 강화한다.
2. 유엔 헌장을 준수하고 국제협약을 충실히 이행할 것이며 미국을 위시한 자유우방과의 유대를 더욱 공고히 한다.
3. 이 나라 사회의 모든 부패와 구악을 일소하고 퇴폐한 국민 도의와 민족정기를 다시 잡기 위하여 청신한 기풍을 진작시킨다.
4. 절망과 기아선상에서 허덕이는 민생고를 시급히 해결하고 국가 자주경제 재건에 총력을 경주한다.
5. 민족적 숙원인 국토 통일을 위하여 공산주의와 대결할 수 있는 실력배양에 전력을 집중한다.
6. 이와 같은 우리의 과업을 조속히 성취하고 민주공화국의 굳건한 토대를 이룩하기 위하여 우리는 몸과 마음을 바쳐 최선의 노력을 경주한다.

계획과 경제행정기구 개편을 혁명 직후부터 단행하였다. 물론 박정희 정부도 북한과의 통일을 중요하게 생각하였지만, 그것은 "공산주의와 대결할 수 있는 실력배양에 전력을 집중한다."고 하여 통일에 우선하여 경제성장을 달성하겠다고 강조하였다(혁명공약 제5항).

둘째, 박정희 정부는 성장 지향적 특징을 가졌다. 박정희 정부의 이런 특징은 제1차 경제계획의 목표 성장률에서 확인할 수 있다. 이승만 정부하의 경제개발 3개년계획의 연평균 목표 성장률은 5.2%였고 민주당 정부에서 수립한 경제개발 5개년계획의 목표 성장률은 5.6%였는데, 제1차 경제계획의 연평균 목표 성장률은 7.1%였다. 이 목표 성장률은 이전 정부의 목표 성장률보다 높았을 뿐 아니라 1953~1960년 동안의 실제 연평균 성장률 4.7%를 크게 상회하는 것이었다. 더욱이 이 실제 성장률은 1950년대 후반으로 갈수록 둔화되고 있었다. 1954년의 성장률은 5.2%였고, 1957년 8.7%, 1959년 5.2%, 1960년 2.3%를 달성하였다. 따라서 당시 경제전문가들이나 주한 원조기구 대표는 박정희 정부의 제1차 경제계획의 목표 성장률을 '지나치게 의욕적'이라고 평가하였다. 군사정부도 7.1%의 목표 성장률•이 매우 의욕적이라는 것을 알고 있었다(강광하·이영훈·최상오 2008: 74). 군사정부는 7.1%의 목표 성장률을 달성하기 위해서는 "국민의 비상한 노력과 내핍, 그리고 정부의 강력하고도 능률적인 활동이 요망"된다고 강조하였다(국가재건최고회의 1961: 5).

7.1%의 목표 성장률: 10년 동안에 국민소득을 2배로 증가시킬 수 있는 성장률이다. 이경식 전 장관의 회고에 따르면, 7.1%의 성장률은 일본에서 1960년에 수립한 국민소득배증계획(1961~1970)에서 아이디어를 얻었다고 한다.

그럼에도 불구하고 박정희 정부가 이렇게 높은 목표 성장률을 채택한 이유는 두 가지였다. 하나는 북한과의 체제 경쟁에서 승리하기 위한 것이었다.

군사정부는 제1차 계획을 작성하는 데 있어 하나의 가정으로 '북한이 공산 침략을 계속 획책할 것이며, 그 일환으로 한국에 대한 경제적인 우위를 확보하기 위해 힘쓸 것'이라고 전제하고(대한민국 정부 1962: 15), 이들과 대결할 수 있는 경제력의 확보가 무엇보다도 중요하다고 생각하였다. 즉, 통일을 달성하기 위한 전 단계로서 체제 경쟁을 적극적으로 추구하겠다는 것이었다. 다른 하나는 급속한 경제발전이 군사정변을 통해 집권한 군사정부가 정권의 정당성을 확보하고 정치·경제·사회 불안을 해소할 수 있는 유효한 수단이라고 생각하였던 것이다.

제1차 경제계획의 수립

경제개발 3개년계획 이후 장기 경제개발계획은 제한된 자원을 효율적으로 사용하여 경제성장을 달성하는 하나의 수단으로 분명하게 인식되었다. 1960년 8월 공식 출범한 장면 정부•는 '경제제일주의'를 천명하고 그것을 실천할 수단으로 경제개발 5개년계획 수립을 1960년 9월에 발표하였다. 사회 혼란과 갑작스러운 정부 출범이라는 현실을 고려할 때, 이것은 매우 신속한 대응이었으며 장면 정부의 경제

장면 정부 출범: 장면 총리가 국회의 인준을 받은 날은 1960년 8월 19일이었고, 12부 1처와 무임소장관 등 14명의 국무위원 조직을 완료하여 발표한 날은 1960년 8월 23일이었다. 그래서 장면 정부 출범일은 기준에 따라 8월 19일 혹은 8월 23일이 될 수 있다.

제1차 5개년 경제개발계획(시안)
건설부는 5.16 군사정변 직후 부흥부를 폐지하고 설립된 정부 조직이어서 건설부 명의로 발표된 이 5개년계획 시안이 어느 정부에서 작성된 것인지 논란이 있다(소장기관: 대한민국역사박물관).

에 대한 관심을 반영한 것이었다. 장면 정부하에서 경제계획은 큰 문제없이 수립되었다고 생각한다. 무엇보다도 중요한 것은 경제개발 3개년계획을 작성한 산업개발위원회가 경제계획 수립 작업을 계속 담당하였고, 장면 정부에서 지향한 개발 전략이나 정책이 3개년계획과 크게 다르지 않았기 때문이다. 장면 정부의 5개년계획은 1961년 4월 말에 거의 완성되어 5월 중순에 장면 총리에게 보고되었다고 하지만, 곧이어 일어난 5.16 군사정변으로 군사정부가 등장하여 민주당 정부 명의의 경제계획 자료는 확인할 수 없다.•

장면 정부안이라는 주장: 김기승(2003: 216), 박태균(2007: 312~313)은 군사정변 직후 '건설부안(제1차 5개년 개발계획)'으로 발표된 경제계획이 장면 정부하에서 수립된 경제개발계획이라고 주장하고 있다.

성장 지향적이었던 박정희 정부 역시 5.16 군사정변 직후부터 경제계획 수립 작업에 착수하였다.

그러나 산업개발위원회를 중심으로 경제계획을 수립하였던 앞선 두 차례의 사례와 달리, 군사정부의 경제계획은 국가재건최고회의 재정경제위원회 안에 설치한 종합경제재건기획위원회 중심으로 수립하였다. 이 초기 수립 작업은 국가재건최고회의 부의장 박정희 소장(1963년 12월 대통령 선거에서 당선되어 대통령에 취임)의 지시를 받아 '조국의 미래에 가장 관심이 깊고 열성 있는 몇 사람의 젊고 유능한 경제학자 및 기획가들이 모여 혁명정부가 앞으로 수행해야 할 과업이 무엇이며, 특히 악순환을 거듭하여 온 한국경제를 어떠한 방법으로 부흥시켜 빈곤을 추방하느냐'를 목적으로 진행하였다고 한다. 이들은 건설부안으로 발표된 제1차 5개년 경제개발계획과 한국은행에서 작성한 장기종합경제개발계획, 그리고 종합경제재건기획위원회•에서 작성한 장기개발계획을 분석·검토한 다음(국가재건최고회의 1961: 머리말), 제1차 경제계획의 작성지침에 해당하는 종합경제재건계획안을 1961년 7월 22일에 완성하고 당시 일간지에 공식 발표하였다. 이 계획안이 이전 계획과 크게 다른 점은 계획기간 동안 연평균 목표 성장률을 최우선으로 강조하고, 그 목표를 7.1%로 상

종합경제재건기획위원회: 이 위원회 상임위원에는 박희범(서울대 교수), 김성범(산업은행 조사부), 백용찬(산업개발위원회 보좌위원 역임), 정소영(재무부 토지조사과장)이 활동하였으며, 보좌관에는 권혁노(육군 중령), 이경식(한국은행 조사부), 정일휘가 활동하였다.

정하였다는 점이다(국가재건최고회의 1961: 5).

제1차 계획은, 종합경제재건계획안이 발표된 같은 날에, 부흥부와 산업개발위원회의 업무를 승계하여 설립된 경제기획원 주도로 수립되었다. 우선 경제기획원은 정부 각 부처에 제1차 계획 작성지침을 공람하고 부문계획 및 사업계획을 수립하여 제출할 것을 요구하였다.• 다음에 경제기획원은 산업구조의 변화, 투자재원의 조달과 배분, 국제수지 등과 같은 총량계획을 작성함과 동시에 정부 각 부처로부터 수집된 계획을 일괄 정리하여 1961년 9월 중순경에 제1차 계획의 초안을 완성하였다. 이렇게 완성된 초안은 행정적 절차에 따라 중앙경제위원회• 심의를 거쳐 국무회의에 상정·통과된 것은 1961년 10~11월이었고, 최종적으로 국가재건최고회의에 상정되어 통과된 것은 같은 해 12월이었다. 1962년에서 1966년까지를 계획기간으로 한 제1차 경제개발 5개년계획은 이상의 절차를 거쳐 최종 완성되어 1962년 1월에 공식 발표되었다.

이상과 같이 박정희 정부는 정부의 개발 의지를 분명히 보여 주기 위해 군사정부 직후부터 제1차 경제계획을 수립하였고, 그것을 국민에게 발표하였

사업계획 발표: 1961년 6월 말부터 상공부 화학과장으로 재직한 오원철(1995: 13~16)의 회고에 따르면, 자신이 작성한 화학 부문 사업계획은 1961년 8월 초에 국가재건최고회의의 재정경제위원회에서 보고하고 승인을 받았다고 한다.

중앙경제위원회: 경제기획원 설립을 규정한 1961년 7월 22일 정부조직법 개정을 통해 설치된 중앙경제위원회는 "국민경제의 부흥개발에 관한 종합적 계획을 심의하기 위하여", 그리고 "국무회의에 제출하는 종합적 경제계획안을 심의하기 위하여" 내각 소속 기관으로 설치되었다(법률 제660호, 제10조의 4). 그러나 이 위원회는 제3공화국이 공식 출범한 1963년 12월에 폐지되었다(법률 제1506호, 「정부조직법」, 1963. 12. 14).

다. 계획 수립기간이 짧고, 수립절차가 단순하였지만 제1차 계획의 수립은 박정희 정부의 목표와 정책 방향을 확인할 수 있는 것이었다.

제1차 경제계획의 수정과 공업화 정책의 전환

경제계획의 수립과 집행(implementation)은 별개의 문제이다. 경제계획 수립을 통해 상정한 목표가 달성되기 위해서는, 다시 말하면 경제계획이 집행되기 위해서는 두 가지 사실이 중요하다. 하나는 정부가 경제계획을 집행하는 과정에서 장애에 직면하였을 때 어떻게 대처하느냐 하는 것이고, 다른 하나는 한국의 경제 여건과 정부의 목표를 달성하는 데 타당한 올바른 공업화 정책을 선택하는 것이다.

투자재원과 제1차 계획의 수정

앞에서 지적한 바와 같이, 제1차 계획의 연평균 목표 성장률은 7.1%였다. 물론 이 목표 성장률은 정책과 제도가 아직 정비되지 않은 1차 연도의 5.7%에서 점차 상승하도록 하여 목표연도에는 8.3%를 달성할 것으로 계획하였지만, 당시 경제 여건을 고려할

| 표 4 | 제1차 계획의 주요 목표

기본 목표	중점 과제
자립경제의 달성을 위한 기반 구축	1. 전력, 석탄 등 에너지 공급원의 확보 2. 농업생산력의 증대에 의한 농가소득의 상승과 국민경제의 구조적 불균형의 시정 3. 기간산업의 확충과 사회간접자본의 충족 4. 유휴 자원의 활용, 특히 고용의 증가와 국토의 보전 및 개발 5. 수출 증대를 주축으로 하는 국제수지의 개선 6. 기술의 진흥

자료: 대한민국 정부(1962: 15~16).

때 매우 의욕적이었던 것은 사실이다.

박정희 정부는 상기한 목표 성장률을 어떻게 달성하려고 하였을까? 표 4는 제1차 계획의 기본 목표와 중점 과제를 정리한 것이다. 우선 주목되는 것은 박정희 정부 역시 기본 목표로서 '자립경제의 달성을 위한 기반 구축'을 상정하였다는 점이다. 1950년대와 1960년대의 한국 정부는 외국 원조의 지원이 없어도 한국경제 스스로 성장이 가능한 경제 구조를 만든다는 의미의 자립경제체제를 확립하는 것을 가장 중요한 목표로 인식하고 있었다는 것을 알 수 있다.

표 4에서 확인할 수 있듯이, 박정희 정부가 이러한 목표를 달성하기 위해 채택한 개발 전략은 두 가

지 정책으로 구성되었다. 하나는 농업생산력의 증대를 통해 농가소득을 향상시키는 것이었다. 이것은 두 가지 효과, 즉 ① 농가소득의 향상 → 국내 시장의 확대 → 중소기업의 생산 활동을 촉진하여 고용을 증대하고 생활필수품에 대한 수입 수요를 감소시키고자 한 것과, ② 농산물 증산을 통해 수출을 확대하고자 하는 것이었다. 다른 하나는 박정희 정부의 개발 전략의 핵심을 이루는 수입대체 공업화 정책이었다.• 물론 여기에는 국내 수요가 있으나 국내 생산이 미미하여 수입에 의존하던 소비재 산업을 육성하는 것과 정유, 비료, 시멘트, 화학섬유, 종합제철, 기계 등과 같이 앞으로 수요가 빠르게 증대하거나 자립경제의 기반을 확립하는 데 요구되는 기간산업을 건설 또는 확충하는 것도 포함되며, 심지어는 수입대체 공업화의 진전과 경제 규모의 확대에 따라 수요가 증대될 전력, 교통시설 등을 비롯한 사회간접자본의 건설 및 확충도 포함되는 것으로 해석할 수 있을 것이다.

개발 전략 비교: 대내지향 개발 전략을 채택하고 있다는 점에서 이승만 정부의 경제개발 3개년계획과 동일하다고 할 수 있는데, 3개년계획에서는 농업개발에 강조를 두었다면 제1차 계획에서는 수입대체 공업화에 강조를 두고 있다는 차이가 있다.

그런데 제1차 계획에서 중점을 둔 수입대체 공업의 공장을 건설·확충하기 위해서는 막대한 투자가 요구되었다. 표 5에 정리되어 있듯이, 제1차 계획

| 표 5 | 산업별 투자자금 배분과 투자율

(단위: 1억 원)

		1962		1964		1966		1962~1966			
		내자	외자	내자	외자	내자	외자	내자	외자 (a)	합계 (b)	a/b (%)
산업별	제1차	91.4	3.6	99.5	13.2	117.9	5.9	521.4	33.0	554.4	6.0
	제2차	91.9	57.4	129.1	108.5	141.3	119.8	617.7	474.5	1,092.2	43.4
	제3차	188.4	60.4	221.9	101.5	305.5	53.2	1,186.7	381.2	1,567.9	24.3
	총액	371.7	121.4	450.5	223.2	564.7	178.9	2,325.8	888.7	3,214.5	27.6
투자율(%)		20.1		24.1		22.7		22.7			

주: 1) 1961년 불변가격 기준.
자료: 대한민국 정부(1962: 56~59).

기간의 투자율은 1962년 20%, 1964년 24%, 1966년 23%였고, 계획기간 동안의 평균 투자율은 23%였다. 당연한 이야기지만, 이것은 제1차 계획의 기준연도인 1960년의 실제 투자율 13.5%를 거의 두 배 상회하는 수준이었다.

과연 박정희 정부는 이렇게 높은 투자율을 실현하기 위해 요구되는 투자재원을 어떻게 조달하려고 하였을까? 표 5에서 확인할 수 있듯이, 계획기간 동안의 총투자액은 3,215억 원이었는데, 이 가운데 내자는 72%, 외자•는 28%를 차지하였다. 종종 이런 사실에 근거하여 제1차 계획이 '내자동원형' 개발 전략을 채택하고 있다고 평가하고 있다(木宮正史 1991;

외자: 여기서 말하는 외자는 외국 자본을 의미하는 것이 아니다. 내자가 국내 통화로 조달되어야 하는 재원을 의미하듯, 외자는 외화로 조달되어야 하는 재원을 의미한다.

박태균 2007). 물론 내자가 없으면 투자가 진행될 수 없다는 점에서 내자도 중요하다. 군사정부가 1961년에 일반은행을 국유화하고 1962년 6월에 통화개혁을 단행하는 등 내자에 대한 통제권을 강화하기 시작한 것은 투자재원의 72%를 차지하는 내자를 안정적으로 공급하기 위한 것이었다.

그러나 이런 평가는 제1차 계획의 집행에서 외자가 갖는 중요성을 전혀 고려하지 않은 것이다. 표 5에서 확인할 수 있듯이, 외자의 대부분은 제2차 산업과 제3차 산업에 배분되었다. 제2차 산업에 배분된 외자는 475억 원, 제3차 산업에는 381억 원으로 총외자액에서 차지하는 비중은 각각 54%와 43%였다. 자본 축적이 미약한 한국경제의 현실을 고려할 때 외자는 수입대체 공업화에 필요한 기계, 설비 등이나 기술용역, 외국인 기술자 초청 등과 같은 용도에 사용할 것이었다. 이런 상황에서 외자가 원활하게 공급되지 않는다면 제1차 계획에서 상정한 수입대체 공업화 정책은 물론 7.1%의 목표 성장률도 달성할 수 없다는 것을 의미하였다.

표 6은 투자재원 가운데 외자 소요액을 재원별로 정리한 것이다. 외자 소요액은 1962년의 9,300만

| 표 6 | 투자 소요 외자액과 재원별 구성

(단위: 100만 달러)

		1962	1963	1964	1965	1966	1962~1966 합계
총액(a)		93.3	160.4	171.5	120.8	137.7	683.7
재원별	원조	17.2	7.4	3.0	2.2	1.8	31.6
	차관(b)	50.0	88.7	112.2	78.1	97.0	426.0
	KFX(c)	26.1	64.3	56.3	40.5	38.9	226.1
b/a(%)		53.6	55.3	65.4	64.7	70.4	62.3
c/a(%)		28.0	40.1	32.8	33.5	28.2	33.1

자료: 대한민국 정부(1962: 83).

달러에서 1964년에 1억 7,200만 달러로 빠르게 증가하다가, 그 이후 감소하여 1966년에 1억 3,800만 달러로 계획하였다. 제1차 계획 초기에 많은 시설투자를 계획하였음을 알 수 있다. 표에서 확인할 수 있듯이, 이 외자 소요액은 원조, 차관과 정부 보유 외환(KFX)•을 통해 조달할 계획이었는데, 계획기간 동안 투자 소요 외자에서 62%를 차지한 차관과 33%를 차지한 정부 보유 외환이 가장 중요하였다. 시설재 도입의 무상원조를 삭감하려는 미국의 원조정책 변화를 고려하여 투자재원으로서 원조는 거의 고려하지 않았다.

정부 보유 외환(KFX): 1950년대와 박정희 정부 시기에는 외환집중제를 실시하여 한국 국적을 가진 자연인이나 법인이 수출 등 다양한 경로를 통해 얻은 외화는 중앙은행에 팔아야 하였는데, 이것을 통상 정부 보유 외환이라고 한다.

수입대체 공업화에 필요한 외자를 조달하는 데

있어 무엇보다도 중요한 것은 차관을 계획대로 도입하는 것이었는데, 차관은 계획대로 도입되지 않았다. 1962년 차관 계획액은 5,000만 달러였으나 실제 도입액은 계획액의 12%에 해당하는 600만 달러에 불과하였고, 1963년에는 계획액의 48%에 해당하는 4,300만 달러가, 1964년에는 계획액의 27%인 3,000만 달러가 도입되었다. 이와 같이 차관이 계획대로 도입되지 않은 가장 중요한 이유는 7.1%의 목표 성장률이 지나치게 의욕적이라고 평가한 미국 정부의 입장이었다. 미국 정부는 '제1차 계획의 목표 성장률이 한국경제의 능력을 훨씬 초과하는 것이어서 목표 수준을 낮추어야 한다.'고 생각하였다. 차관이 계획대로 도입되지 않는다면, 제1차 계획의 목표는 달성될 수 없는 것이었다.

경제계획의 집행이란 이와 같이 계획을 추진하는 과정에서 직면하는 장애를 극복하는 과정이라고 할 수 있다. 강한 집행 의지를 갖고 있었던 박정희 정부는 차관 도입에 결정적인 영향을 미치는 미국 정부의 요구를 받아들여 1962년 11월부터 제1차 계획을 수정하기 시작하였다. 수정의 핵심은 '국민경제의 잠재성장력과 저축률을 고려하지 않고 의욕만

경제개발 5개년계획 도표

1963년 9월에 제작된 이 도표는 발전소, 철도 및 도로의 건설 위치와 계획, 제조업의 사업별 건설계획, 주요 부문의 생산계획 등을 시각화하여 보여 주고 있어 정부의 집행의지를 확인할 수 있다(소장기관: 토지주택박물관).

앞서' 높게 책정된 목표 성장률을 7.1%에서 5%로 하향 조정하는 것이었다.• 이에 따라 연평균 투자율도 23%에서 17%로 줄였고, 구체적으로는 화학섬유공장, 비료공장, 시멘트공장, 기계공장 등과 같은 기간산업의 투자 규모를 줄였고, 종합제철공장은 건설을 포기하였다. 소위 제1차 계획의 '보완계획'이라고 불린 이 계획은 1964년 2월에 공식 발표되었다.

제1차 계획 수정 이유: 이것 이외에도 ① 투자재원의 대외의존을 전제하면서 차관에 대한 원리금 상환을 고려하지 않은 점, ② 비교적 커다란 역할을 맡은 재정 활동이 경제성장에 미치는 영향에 대한 분석이 결여되어 있는 점, ③ 사업 간의 관련성에 대한 고려와 개별 사업에 대한 경제적 타당성 검증이 이루어지지 않은 점 등이 지적되었다(대한민국 정부 1964: 머리말, 3~4, 6).

이상을 요약하면, 제1차 계획이 수립되고 수정되는 과정에 대해 일부 연구는 현실 경제 여건을 고려하지 않은 박정희 정부의 무모함 혹은 비계획성을 강조하는 경우도 있으나, 여기서 주목하고자 하는 것은 그것보다는 박정희 정부가 경제계획을 실천하려는 집행의지가 매우 강하였다는 점이다. 목표 성장률을 낮추고 투자 규모를 줄이는 것이 중요한 것이 아니라 계획을 집행하는 과정에서 직면한 장애를 어떻게 해결하려고 하였는가 하는 점이 중요하다고 할 수 있다.

수출주도 공업화 정책으로의 전환

한국에서 수출이 중요한 정책변수로 등장하기 시작한 것은 미국의 원조정책이 변화하는 1950년대 후반부터였다. 1950년대 한국경제는 원조에 의존한 경제 구조를 갖고 있었다. 가령 1953년 총수입액은 3억 4,500만 달러였는데 수출액은 4,000만 달러였고, 1955년에는 각각 3억 4,100만 달러와 1,800만 달러였다. 수입액이 가장 많은 1957년에는 4억 4,200만 달러였는데, 수출액은 2,200만 달러에 불과하였다. 지속 가능하지 않은 이런 경제 상태를 지탱시켜 준 것은 커다란 규모의 외환 갭을 메워 준 미국의 원조였다. 1953~1960년간에 제공한 원조액은 20억 8,300만 달러로 수입재원의 대부분을 차지하였다. 그런데 1950년대 후반부터 미국의 원조정책이 무상 원조를 줄이고 유상 차관을 늘리는 정책으로 변경되면서 수출의 중요성이 인식되기 시작하였다.

이런 사실은 정부의 계획이나 정책에서 확인할 수 있다. 1956년 말에 상공부에서 수립한 5개년 수출계획안을 보면, 제1차 연도인 1957년의 수출 목표는 3,800만 달러로서 1955~1956년 평균 수출액(실적)의 1.8배에 해당하는 것이었으며, 최종연도인 1961년의 목표는 1억 200만 달러로 1957년에 비해 2.7배 증가하도록 계획하였다. 1950년대의 수출• 실적을 고려할 때, 이것은 계획기간 동안에 연평균 수출 성장률

1950년대 수출: 1953년 4,000만 달러로 최고 수준을 기록한 이후 증가와 감소를 반복하는 순환적인 추이를 보였다.

을 28%로 상정한 매우 의욕적인 수출계획안이었다. 1960년에 완성된 경제개발 3개년계획에서도 수출은 중요하게 인식되었다. 이 계획에 포함된 수출계획을 보면, 목표연도인 1962년의 수출액을 6,400만 달러로 책정하여 1,700만 달러의 실적을 거둔 기준연도(1958)의 수출액에 비해 3.6배 증가하도록 계획하였다. 이와 함께 수출진흥정책도 강화되었다. 가령 이때 제시된 수출진흥정책을 정리하면, 무역금융의 확대, 수출물자 제조용 수입 원자재에 대한 관세 면제, 신시장을 개척한 수출업자에게 일정 기간 동안 당해 지역에 대한 독점 수출 인정, 수출산업이나 관련 산업에 대한 금융·세제상의 지원 확대, 정부의 경제외교 강화 등과 같이 이전과는 다른 수출지원 정책이 수립되었다. 그러나 이승만 정부하에서 수출 실적은 보잘것없었다. 1959년의 수출 실적은 1,900만 달러였고, 1960년은 3,200만 달러였다.

미국의 원조정책 변화를 제외하더라도 박정희 정부에서도 수출은 매우 중요하였다. 표 7은 제1차 계획의 수입계획을 정리한 것이다. 제1차 계획기간 동안의 총수입액은 24억 500만 달러로 매년 평균적으로 4억 8,100만 달러의 수입재원이 필요하다고 계

| 표 7 | 제1차 계획의 수입계획과 재원별 구성

(단위: 100만 달러)

		1962	1963	1964	1965	1966	1962~1966 합계
총수입액(a)		456.7	483.9	486.9	485.0	492.3	2,404.8
자본재		93.3	160.4	171.5	120.8	137.7	683.7
원료, 중간재, 소비재	원조	215.2	206.3	191.8	181.9	162.0	957.2
	KFX(b)	148.2	117.2	123.6	182.3	192.6	763.9
	소계(c)	363.4	323.5	315.4	364.2	354.6	1,721.1
비율	c/a	79.6	66.9	64.8	75.1	72.0	71.6
	b/c	40.8	36.2	39.2	50.1	54.3	44.4

자료: 대한민국 정부(1962: 78).

획하였다. 이 수입재원은 기간산업 및 사회간접자본 건설 및 확충에 필요한 투자재원(자본재) 수입에 6억 8,400만 달러가 요구되었고, 그 나머지인 17억 2,100만 달러는 공업 생산에 필요한 원료 및 중간재와 최종소비재 수입에 충당될 계획이었다. 원료, 중간재 및 소비재의 수입재원은 총수입액의 72%를 차지하였는데, 그것은 원조와 정부 보유 외환으로 조달하려고 계획하였다. 주지하듯이, 원조는 미국의 원조정책에 의해 결정되는 것인데, 1950년대 후반부터 감소하기 시작하여 계획대로 도입되지 않았다. 정부 보유 외환은 국내 수출을 통해 공급될 수 있는 것이었기 때문에 박정희 정부는 수출 증가를 매우 강조하였다. 제1차 계획의 수출계획을 보면, 1차 연도의 수출 목표는 6,100만 달러였고, 최종연도의 그것은 1억 1,800만 달러로 상정하여 계획기간 동안 연평균 수출 성장률을 18%로 계획하였다. 외자는, 투자재원이나 원료 등의 수입재원으로 제1차 계획의 성패를 좌우하는 매우 중요한 요인이었는데, 그중에서 특히 수출은 한국경제가 외화를 직접적으로 획득할 수 있는 수단이므로 박정희 정부에서도 매우 중요한 정책변수였던 것이다.

그러나 여기서 주목해야 하는 것은 수출이 언제부터 공업화 수단으로 인식되었느냐 하는 점이다. 이제까지 지적한 바와 같이, 수출은 1950년대 후반부터 외화 획득 수단으로 중요하게 인식되어 왔지만, 공산품의 수출 가능성은 낮게 평가하고 있었다. 1956년 상공부에서 작성한 5개년 수출계획안에서 제1차 산업 제품의 수출 비중은 1957년 83%, 1961년 82%로 계획하였고, 경제개발 3개년계획에서는 88%였다. 더욱이 군사정부에서 수립한 제1차 계획에서 제1차 산업 제품의 수출 비중은 1962년 83%, 1966년 81%로 계획하여 여전히 공산품의 수출 가능성을 낮게 평가하고 있었다. 그러나 박정희 정부의 예상과 달리 1963년에 합판, 면직물 등 경공업 제품의 수출이 빠르게 증가하였다. 이런 상황을 반영하여 1964년 2월에 발표된 보완계획에서는 공산품 수출 비중을 상향 조정하여 1964년 30%, 1966년 38%로 계획하였다. 그러나 현실은 계획을 훨씬 능가하여, 1965년 실제 공산품 수출 비중은 44%, 1966년은 52%로 이때부터 공업 제품 수출 비중은 절반을 상회하였다.

한국에서 1964년은 공업화 정책이 변경되는 중요한 전환점이라고 할 수 있다. 그 이전까지는 국내 수요를 국내 생산을 통해 충족시킨다는 수입대체 공업화 정책에 근거하여 중화학공업과 경공업의 건설·육성이 추진되었다면, 1964년을 전기로 하여 중화학공업과 경공업에서 공업화 정책의 분화가 나타났다. 즉, 기간산업은 수입대체 공업화 정책에 근거하여 육성된 반면(물론 1960년대 후반이 되면 중화학공업에서도 수출주도 공업화 정책이 추진되기 시작), 경공업에서는 수출주도 공업화 정책에 근거하여 육성되었다. 수출을 통해 공업화를 달성하고, 더 나아가 경제성장을 이룩하겠다는 수출주도 공업화 정책은 "수출 증대를 통한 공업화의 촉진은 우리 경제의 불가

피한 진로"라고 천명한 제2차 경제계획에서 분명히 확인할 수 있다(대한민국 정부 1966: 28). 이후 한국의 공업화 정책은 일관되게 수출주도 공업화 정책에 입각하여 추진되었고, 후술하겠지만, 이것은 경제성장의 원동력이었다고 평가되고 있다.

이상을 정리하면, 경제계획이 의도한 바의 성과를 거두기 위해서는 그것을 실행하는 과정에서 직면하는 어려움을 극복하고 강력하게 추진하려는 의지가 중요하며, 이에 더해 박정희 정부의 성장 목표를 달성하고 한국경제의 현실에 근거하여 볼 때 올바른 공업화 정책을 선택하여 추진하는 것도 중요하다. 이런 점을 고려할 때, 1964년을 전후한 시기에 한국 정부가 수출주도 공업화 정책으로 전환한 것은 매우 중요한 선택이었고, 그 이후 그것을 일관되게 추진한 것은 장기 지속의 경제성장을 달성할 수 있는 동력이었다고 평가할 수 있다.

3

경제기획원과 경제정책 조정

- 경제기획원의 설립과 위상
- 경제계획 수립과 경제정책 조정

국민경제를 대상으로 한 경제계획을 수립하기 위해서는 기획기구(planning agency)가 설립되어야 한다. 기획기구 중심으로 경제계획이 어떤 과정을 거쳐 수립되었는가는 계획의 집행에 영향을 미치는 중요한 요인이다. 여기에서는 한국 기획기구의 설립과 제도적 특징, 그리고 경제계획 수립 과정을 검토함으로써 이 점을 설명하고자 한다.

경제기획원의 설립과 위상

박정희 정부하에서 경제기획원은 기획기구로서 매우 중요한 역할을 수행하였다. 여기에서는 경제기획원이 어떤 과정을 거쳐 설립되었으며, 그것이 정부 조직 내에서 어떤 위상을 가지고 있었는지 구체적으로 살펴보기로 한다.

경제기획원 설립과 조직

1961년 7월에 설립된 경제기획원(Economic Planning Board)은 박정희 정부 시기에 경제계획의 수립과 조정에서 매우 중요한 역할을 수행하였다. 뒤에서 설명하겠지만, 경제기획원은 기획 기능은 물론 예산 편성 기능, 경제협력 및 외자 배분 기능과 통계의 수집 및 작성 기능 등 그 이전의 기획기구에서는 볼 수 없었던 조직 면모를 갖추고 있었다. 그간 이런 기능적 특징을 갖는 경제기획원이 어디에서 아이디어를 얻어, 어떤 과정을 거쳐 설립되었는가에 대한 논의가 많이 이루어졌다. 여기에서는 제도의 경로의존성에 근거하여 경제기획원의 설립 과정을 국내적 맥락에서 살펴보기로 한다.

제1장에서 살펴보았듯이, 경제계획은 1950년대는 물론 이승만 정부 수립 직후에도 작성되었다. 이것은 이미 이때부터 경제계획을 수립하는 정부조직으로서 기획기구가 존재하였음을 시사한다. 정부 수립 시부터 경제계획의 수립이나 기획기구의 설립이 가능하였던 것은 두 가지 요인의 영향을 받았다고 본다. 하나는 식민지기의 영향이다. 즉, 기획의 관념과 계획의 수립을 담당한 부서가 식민지 시기부터 존재하였고, 그것이 해방 이후에도 연속되었다는 것이다(김일영 2008; 박성진 2016). 다른 하나는 혼합경제체제에 대한 인식의 공유이다. 해방 직후 정치세력 간 경제체제 선택을 위한 대립과 갈등이 격렬하게 진행되었음에도 불구하고, 사회주의 계열은

기획 관념의 확산: 일본제국 체제에서 기획 관념은 처음 만주에서 생겼고, 이것이 일본으로 역수입되었다가, 전시기에 한국에 전파되었다. 이 결과 전시기 총독부에 기획과와 기획위원회가 설치되어 전시 생산력확충계획이나 물자동원계획을 수립하였다(김일영 2008: 313~314).

물론 자본주의 계열의 정치단체 역시 국가의 역할을 강조하였고, 경제계획의 수립이 필요하다는 점을 공유하고 있었다. 이 결과 법률 제1호로 제정된 정부조직법(1948. 7. 17)에서 "국무회의에 제출하는 재정·경제·금융·산업·자재와 물가에 관한 종합적 계획의 수립과 예산 편성에 관한 사무를" 관장하는 기획처 설립을 규정하였던 것이다.

그러나 기획처의 경제계획 수립 기능은 원활하게 실천되지 않았다. 인적 자원이 부족하였다는 것은 차치하더라도 정부 수립 초기의 경제혼란과 전쟁 등으로 장기 계획을 수립할 수 있는 여건이 조성되지 않았다. 그러나 이것보다 더 중요한 것은 전후 재건에 필요한 재원을 미국 원조에 의존하였는데, 미국 측에서 장기 계획 수립을 원하지 않았다. 제1장에서 살펴본 바와 같이, 이런 이유로 1950년대에는 1년 단위의 물자수급계획이 주로 수립되었던 것이다. 한편, 기획처 조직에서 주목되는 것은 설립 초기부터 예산국이 포함되었다는 점이다. 예산 편성 기능을 새로 신설되는 기획처에 두느냐, 아니면 원래대로 재무부에 두느냐 하는 논쟁은 정부조직법이 제정될 당시부터 제기되었으나 국민경제의 관점에서 경제계획을 수립하고 그에 따라 예산을 편성하는 것이 바람직하다는 정부조직법 기초위원들의 주장이 받아들여져 기획처에 두었던 것이다. 실제 기획처는 기획 기능이 제대로 작동되지 않으면서 예산 편성 기능 중심으로 운영되었다.

전쟁이 고착 상태에 빠지고 전쟁으로 파괴된 시설의 복구가 중요 문제로 등장하면서 기획처 개편 논의가 활발하게 제기되었다. 1951년 8월 기획기구 개편 논의가 처음 제기되었는데, 이때 정부안과 국회 법제사법위원회에서 제안한 법사위안이 제출되었다. 기획기구 개편 내용이 훨씬 독창적이고 실제 국회에서 통과한 안이 법사위안이기 때문에 그 내용을 간략히 소개하면 다음과 같다. 첫째, 기획처를 폐지하고 부흥부를 설치하자는 것이다. 기획처는 국내 재원인 재정만 고려하였지 외국 재원인 원조는 고려하지 않았는데, 부흥원조가 본격적으로 도입되는 것에 대응하여 이것을 도입·구매·배급·관리 업무를 전담하는 부서로서 부흥부를 설치하자는 것이었다. 둘째, '재정, 경제, 금융, 산업, 운수, 노동, 물자와 물가에 대한 종합적 계획의 수립과 각 부 내 계획의 조정' 등의 업무를 관장하는 중앙경제위원회를 신설하자는 것이다.

법사위안에 따르면, 중앙경제위원회는 경제실태의 조사와 통계 모집 업무도 관장하였으며, 심지어는 '경제정책에 관한 모든 계획은 중앙경제위원회 심사를 경유하지 않으면 국무회의에 부의할 수 없다.'고 하여 정부의 다른 집행 부서의 계획과 정책을 심의·조정하고자 하였다. 이것은 이 위원회의 위원장이 국무총리이고, 재무·상공·농림·교통·체신과 부흥부 장관을 이 위원회의 비상임위원으로 임명하여 그 위상을 보장하고자 하였다. 법사위안의 핵심은 원조를 도입·구매·배급·관리를 담당하는 정부조직과 국민경제 전체의 관점에서 경제계획을 수립하고 조정하는 기구를 분리하여 설치하고 후자의 위상과 역할을 강화하고자 하는 것이었다. 그러나 이 법사위안은 국회 본회의를 통과하였지만 이승만 대통령이 거부권을 행사하여 실현되지 못하고 폐기되고 말았다(최상오 2008: 190~193). 이 결과 기획처는 기획기구로서의 기능을 제대로 수행하지 못하고 있음에도 불구하고 존속할 수밖에 없었다.

1954년 11월에 국무총리제 폐지를 골자로 한 제2차 헌법 개정이 완료되면서 국무총리 소속 기관이었던 기획처의 존폐 문제가 1954년 12월에 다시 공론화되었다. 기획기구 개편과 관련하여 이때까지 공감대가 형성된 것은 예산 편성 기능은 다시 재무부로 이관하고, 원조를 도입·구매·배급·관리를 전담하는 정부조직을 신설하자는 것이었다. 특히 후자는 부흥원조가 본격적으로 도입되면서 이와 관련하여 한국 정부와 적극적으로 협의하기를 원하였던 주한 원조기구(미국) 관계자들이 적극 희망하였다. 1955년 2월에 설립된 부흥부는 이런 요구를 반영한 결과였다. 앞에서 지적한 바와 같이, 1958년부터 경제개발 3개년계획이 수립되었는데, 이 계획이 부흥부가 아니라 그 산하에 설치된 산업개발위원회에 의해 수립된 원인이기도 하였다.

산업개발위원회는 경제계획 수립에 특화된 조직이었다. 이 위원회의 목적을 보면(제1조), ① 우리나라의 인적, 물적, 자본적 제 자원의 조사와 평가, ② 우리나라의 제반 경제 문제를 해결할 수 있는 최적의 경제 구조의 확립, ③ 우리나라 제 자원의 효용 극대화를 도모하기 위한 경제정책의 수립 등이 포함되어 경제계획의 수립에 필요한 기능을 수행할 수 있었던 것이다. 그러나 이 위원회는 기획기구로서 정식의 정부조직으로 평가하기에는 무리가 있다고 본다. 당시 개정된 '정부조직법'이나 대통령령인 '부흥부 직제' 및 '부흥위원회 규정'을 살펴보면, 부흥부 산하에 별도의 위원회를 설치할 수 있는 규정은 없었다. 물론 산업개발위원회가 대통령령에 근거하여 설치되었지만, '이 위원회에서 조사·연구한 것을 부흥부 장관에 건의할 수 있다.'고 하여 이 위원회의 성격을 건의기구에 한정한 것은 이 위원회의 위상을 잘 보여 주는 것이라고 할 수 있다(산업개발위원회 규정 제1조 제2항).

경제제일주의를 채택한 장면 정부하에서도 기획기구를 개편하고자 하는 논의가 활발하게 전개되면서 두 가지 안이 제기되었다. 하나는 산업개발위원회와 부흥부의 부흥위원회를 통합하고 국무원의 직속 기관으로 두자는 안인데, 이것은 1951년 논의된 중앙경제위원회 설치안과 유사한 것이었다. 다른 하나는 부흥부를 해체하고 기획국, 물동국, 예산국, 통계조사국과 건설국을 둔 경제개발부를 신설하자는 안이었다. 이때 제기된 논의는 장면 정부하에서 실현되지 못하였지만, 군사정부하에서 추진된 기획기구 개편에 직접적인 영향을 미쳤다. 성장 지

경제기획원 건물 전경
이 건물은 정부 신청사로 1960년 2월에 착공하여 1961년 준공되었는데, 처음에 국가재건최고회의 청사로 사용되다 1963년 12월부터 경제기획원 등 정부 청사로 사용되었다. 이 사진은 1961년 9월 15일 낙성식을 거행한 직후에 촬영한 사진이다(소장기관: 대한민국역사박물관).

향적인 박정희 정부는 자신의 성장 의지를 반영한 목표를 설정하고 그것을 달성할 전략과 정책을 수립·조정할 강력한 기획 기구 설립을 원하였다. 5.16 군사정변 직후인 1961년 7월 22일에 설립된 경제기획원은 이런 요구에 부응하여 설립되었던 것이다(법률 제660호, '정부조직법 일부 개정', 1961. 7. 22).

표 8에 정리되어 있듯이, 설립 초기의 경제기획원 조직에서 발견되는 특징은 네 가지이다. 첫째는 부흥부의 기획국과 산업개발위원회를 통합하여 기획 기능을 강화하였다는 점이고(종합기획국), 둘째는 재무부로 이관되었던 예산 편성 기능을 다시 경제기획원의 업무로 편입시킨 것이고(예산국), 셋째는

| 표 8 | **경제기획원 조직 변화**

1961. 7. 22	1963. 12. 16	1973. 1. 16	1981. 11. 2
종합기획국 예산국 물동계획국 통계국	경제기획국 예산국 경제협력국 기술관리국	경제기획국 예산국 물가정책국 경제협력국 투자진흥국 외자관리국	경제기획국 물가정책국 투자심사국 심사분석국 예산실 공정거래실

자료: 경제기획원 직제(각령 제57호; 각령 제1683호; 대통령령 제6454호; 대통령령 제10497호).

경제원조 도입·구매·배분 등에 한정되었던 경제협력 업무를 원조를 포함한 통상의 외자 도입 및 배분 업무로 확대한 것이고(물동계획국에서 경제협력국으로 개편), 마지막으로는 내무부에서 관장하였던 통계 관련 업무를 경제기획원 업무로 편입시킨 것이었다. 이것은 위에서 지적한 장면 정부의 경제개발부안을 수용하여 설립한 것이라고 할 수 있다.

표 8은 박정희 정부 기간 동안에 이루어진 경제기획원 직제 개정 중 중요한 조직 변화가 확인되는 것을 정리한 것이다. 제3공화국이 공식 출범한 1963년 12월의 직제 개정에서는 통계국이 경제기획원 소속의 조사통계국으로 분리된 대신, 기술 도입과 심사를 위한 기술관리국이 신설되었다. 1973년 1월의

직제 개정에서는 경제협력국 이외에 외국인 투자를 심사하는 투자진흥국과 외자사업을 관리하는 외자관리국이 신설되어 외자 관련 업무가 강화되었음을 알 수 있다. 1981년 11월의 조직 개편으로 경제기획원의 기능은 크게 변모하였다. 우선 기존 업무 중에서 중요하였던 외자 도입과 관련한 경제협력 업무, 외국인 투자 관련 업무가 재무부로 이관된 반면, 국내 투자사업에 대한 심사와 각종 정부사업 관련 정책을 심사·분석하는 기능이 새로 편입되었다. 다음에 예산 편성과 공정거래 업무가 핵심 기능으로 부각되었다. 그러나 박정희 정부 기간 동안에는 경제계획의 수립과 조정, 예산 편성, 외자 도입과 관리 등을 주 업무로 하는 경제기획원의 조직은 큰 변화 없이 유지되었다.

박정희 정부 이전의 기획기구와 비교해 볼 때, 경제기획원 조직은 매우 특이한 사례처럼 보이고, 실제 당시 경제기획원에 근무하였던 전직 관료들은 '세계에서 유례가 없는 사례'라고 언급하기도 한다. 그러나 경제기획원 조직은, 위에서 설명한 바와 같이, 박정희 정부의 등장과 함께 갑자기 나타났다기보다는 많은 경우 1950년대 기획기구 개편 과정에서 논의되었던 것을 계승·발전시킨 결과였다고 생각한다. 게다가 이 연구에서는 설명하지 않았지만, 제2차 세계대전 이후 세계적으로 확산된 경제계획을 수립하기 위해 각국에서 기획기구를 설립하였다는 사실을 고려하면(Waterston(1965)에 따르면, 경제계획을 수립한 대부분의 국가는 기획기구를 설립), 경제기획원 조직은 국내의 논의와 해외에서 전파·학습한 것의 조합일 가능성이 높다. 그럼에도 불구하고 경제기획원이 중요한 것은 그것이 정부조직 내에서 차지하는 위상과 수행한 역할 때문이다.

행정부 우위의 정책결정체계와 경제기획원

제2차 세계대전 이후 경제계획 수립이 일반화되었음에도 불구하고 경제 문제 해결에 있어 정부의 역할에 대한 이론적 관심은 1970년대 이후 나타나기 시작하였다. 정부와 시장 간의 관계에 근거하여 정부의 역할을 유형화하면, 규제국가(regulatory state), 발전국가(developmental state), 명령국가(command state)의 세 형태로 구분할 수 있다. 규제국가는 대부분의 경제 문제를 시장이 해결할 수 있어 정부는 사회질서 유지나 시장에 의해 해결할 수 없는 공공재의 공급

등과 같은 경제 문제에만 개입하는 국가를 의미하고, 명령국가는 개인의 사적 소유권을 인정하지 않는 사회주의 경제체제에서 정부가 시장을 완전히 대체하는 국가를 의미한다. 이론적으로 발전국가는 이 양자 사이에 있지만, 자본주의 경제체제 기반 위에서 경제 문제를 해결하기 위해 정부가 시장에 적극 개입하는 국가를 의미한다. 이러한 구분에 따르면, 박정희 정부는 발전국가에 해당한다.

경제계획이나 기획기구의 존재가 경제성장을 보장해 주지 않듯이, 발전국가의 성립이 경제성장을 보장해 주지 않는다. 따라서 여기에서 우리가 관심을 갖는 것은 박정희 정부하의 발전국가가 실제 어떻게 운영되었는가 하는 점이다. 박정희 정부의 정책 수립 및 결정에서 발견되는 중요한 특징은 두 가지이다. 하나는 정부의 경제계획이나 경제정책이 정치나 경제사회로부터 거의 영향을 받지 않으면서 행정부 주도로 입안·결정되었다는 것이며, 다른 하나는 정부의 목표 달성에 필요한 법률을 행정부 주도로 작성하여 입법부로 넘겨 심의하게 하였다는 것이다. 우리는 이것을 행정부 우위의 정책결정체계라고 부를 것이다. 한국처럼 대통령중심제의 정부 형태를 갖고 있는 나라에서 행정부 우위의 정책결정체계가 원활히 작동하기 위해서는 대통령의 관심과 의지가 매우 중요하며, 또한 대통령의 관심과 의지를 구체화시킬 수 있는 정부조직이 어떻게 작동하였는가가 중요하다.

경제기획원은 행정부 우위의 정책결정체계에서 매우 중요한 역할을 수행하였는데, 여기에서는 그것을 가능하게 하였던 정부조직 내에서 경제기획원의 위상을 간략하게 살펴보기로 한다. 경제기획원의 위상을 그 이전의 기획기구와 비교해 볼 때, 두 가지 특징이 확인된다. 첫째, 행정 각부의 정부조직이 아니라 국무총리 소속의 정부조직으로 설립되었다는 점이다. 행정 각부의 정부조직은 현실경제와 긴밀히 연계된 자기 고유의 업무를 관장하고 있다. 가령 상공부는 국내 상업과 공업, 국제무역 등에 해당하는 업무를 관장하고, 농림수산부는 농업, 임업, 수산업과 관련되는 업무를 관장하여 현실경제의 경제적 이해관계에 직접 개입한다. 이승만 정부하의 부흥부는, 앞에서 지적한 바와 같이, 원조의 도입·구매·배분·관리 등과 같이 실물경제와 긴밀히 연계된 자기 고유한 업무를 수행하였다. 그러나 국무총리 소속의 경제기획원은 현실의 경제적 이해관계에 직접 연관되어 있지 않아 객관적인 입장에서 경제 상황을 분석할 수 있고 국민경제를 전체적인 관점에서 계획하고 조정할 수 있는 역할을 수행할 수 있었던 것이다.

둘째, 경제기획원 장관은 부총리를 겸임하였다. 부총리 직제가 처음 생긴 것은 제3공화국이 공식 출범하는 1963년 12월의 정부조직법 개정에서였다(법률 제1506호). 이 법 제15조에 따르면, "국무총리가 특별히 위임하는 사무를 처리하기 위하여" 부총리를 둘 수 있으며, "부총리는 경제기획원 장관이 겸임한다."고 되어 있다(이승만 정부 초기에 설립된 기획처는 국무총리 소속 기관이었지만, 기획처장의 지위는 차관급이었음). 부총리는 국무총리 유고 시 국무총리를 대행할 수 있을 뿐 아니라 행정 각부의 장관보다 지위가 높았다. 게다가 박정희 정부는 "경제 관계 각 부처 간의 상호 협조를 긴밀히 하며 국민경제의 효율적 운용을 위한 종합계획과 산업경제에 관한 중요 시책 및 개별 계획을 심의하게 하기 위하여 경제장관회의를(제1조)" 두었는데, 이 회의의 의장은 경제기획원 장관이었다. 이 회의는 의장인 경제기획원 장관과 재무부 장관, 농림부 장관, 상공부 장관, 건설부 장관과 심의 안건이 있는 해당 부 장관으로 구성되어 "경제개발계획은 물론 재정·금융 등 국민경제에 영향을 미치는 사항, 국무회의의 심의를 요하는 사항 등을(제2조)" 심의하였다.● 경제기획원은 이러한 제도적 기반 위에서 '경제의 기획 운영에 관하여 정부의 각 부처를 통괄·조정할' 수 있었던 것이다.

경제장관회의 규정(대통령령 제1716호, 1964. 3. 13): 이 규정은 1962년 9월 11일에 각령 제960호로 제정된 '경제각료회의 규정'을 폐지하고 제정한 것이었다.

이상과 같이 성장 지향적인 정부의 등장과 함께 설립된 경제기획원은 경제계획의 수립과 그것을 조정할 수 있는 조직적, 제도적 기반을 갖추게 되었다. 이런 토대 위에서 경제기획원이 그 기능을 어떻게 수행하였는지를 경제계획 수립 과정을 통해 구체적으로 살펴보기로 한다.

경제계획 수립과 경제정책 조정

집행(implementation)이란 정부 정책에 순응하여 민간 기업이 자신의 행동을 변화시켜 계획에서 제시한 목표를 달성하게 만드는 것이다. 민간 기업의 행동 변화는 정부가 민간 기업의 유인 구조를 변화시킬 수 있는 효과적인 산업정책을 수립·시행하였을 때 달성될 수 있는 것이다. 여기에서는 한국의 경제계획 수립 과정을 검토함으로써 어떻게 이런 조건이 충족되었는지를 살펴보기로 한다.

경제계획의 수립 절차

경제계획은 계획이 포함하고 있는 범위나 내용에 따라 사업계획, 부문계획과 총량계획 등으로 구분할 수 있는데, 통상 국민경제를 대상으로 하는 경제계획은 사업계획, 부문계획과 총량계획을 전부 포괄하는 종합계획(comprehensive plan)으로 수립된다고 할 수 있다. 한국에서는 1960년에 완성된 경제개발 3개년계획과 그 이후 수립된 경제계획은 전부 종합계획으로 수립되었다.

경제기획원은 경제계획의 기본 목표와 중점 과제 등 국민경제의 나아갈 방향을 제시하고 각 부문계획을 조정·종합하는 등 경제계획의 수립 과정을 주도하지만, 실제 경제계획의 집행은 경제기획원이 아닌 정부의 다른 행정부서에서 추진하게 된다. 따라서 경제계획이 원활히 집행되기 위해서는 경제기획원이 일방적으로 경제계획을 수립해서는 안되고, 사업계획과 부문계획을 수립하고 정책 수단을 개발·실행하는 집행부서 관료들의 참여가 중요하다. 이를 통해 집행부서 관료들은 현재 우리 경제가 직면한 문제가 무엇이며 경제계획에서 상정한 목표가 무엇이며 미래의 나아갈 방향이 무엇인지 정확히 이해할 수 있고, 이에 따라 올바른 산업정책을 수립할 수 있는 것이다.

절차적으로 볼 때, 경제계획은 계획의 작성지침을 수립하고, 그에 근거하여 사업계획, 부문계획과 총량계획을 수립하고, 최종적으로 이들 계획 간의 적합성과 일관성을 유지하기 위해 조정 및 종합하는 3단계를 거쳐 수립된다고 할 수 있다. 그러나 현실에서는 나라마다, 같은 나라에서는 시기마다 경제계획 수립 절차가 같지 않았다. 제1장에서 살펴본 바와 같이, 각 나라의 상황은 다르기 때문에 어떤 나라는 부문계획만 수립하였고, 또 다른 나라는 사업계획만 수립하는 경우도 있었다.

박정희 정부는 기본적으로 종합계획을 수립하였고, 계획의 수립 절차는 대동소이하였지만 수립 기간은 경제계획 차수마다 조금씩 달랐다. 가장 중요한 차이는 제1차 계획과 그 이후에 수립된 계획에서 발견된다. 제2장에서 지적한 바와 같이, 제1차 계획의 경우 계획 작성지침이 만들어지고 그에 근거하여 구체적인 사업계획 등이 수립되어 경제기획원에서 종합하여 초안이 완성되는 데 걸린 시간은 4개월(1961년 5월에서 9월)이었다. 그런데 제2차 계획 이후부터 경제계획은 계획마다 약간의 편차가 있지만, 대략 20개월의 기간이 소요되었다. 가령 제2차 계획은 1964년 10월부터 수립하기 시작하여 1966년 6월에 초안이 완성되었고, 제3차 계획은 1969년 2월에서 1971년 2월, 제4차 계획은 1974년 6월에서 1976년 1월에 초안이 완성되었다. 물론 이 기간은 각 집행부서에서 수립한 사업계획과 부문계획을 조정·종합하여 경제기획원에서 초안을 완성한 기간을 의미하기 때문에 초안에 대한 국무회의 심의와 대통령의 재가를 받는 시간까지 포함한다면 대부분 2년 이상의 시간이 소요되었다. 이와 같이 경제계획이 완성되어 매스컴을 통해 국민에게 공표되기까지는 많은 시간이 걸렸던 것이다.

경제계획 수립의 분권화와 정책 조정

경제계획은 계획의 작성지침을 수립하는 것으로부터 시작한다. 이 작성지침은 경제개발의 대외

여건, 한국경제의 당면 과제 등과 같은 계획의 전제와 각 계획이 달성해야 할 주요 목표와 과제 등을 제시하여 집행부서에서 사업계획을 수립하는 데 필요한 지침을 제공하고 있다. 물론 각 계획마다 작성지침에 포함된 내용에는 차이가 있다. 제2차 계획의 경우에는 집행부서에서 사업계획을 수립하는 데 필요한 지침을 아주 구체적으로 서술하고 있지만, 제4차 계획에서는 중점 목표를 달성할 정책 방향 및 정책 수단 등이 자세하게 기술되어 있다(경제기획원 1965; 경제기획원 1975a). 이 작성지침은 기본적으로 경제기획원에서 작성하지만, 후술하겠지만, 그것의 최종안은 정부 각 부처의 차관들로 구성된 경제계획실무위원회와 같은 조정기구의 심의를 거쳐 최종 결정되었다.

경제계획의 작성지침이 완성되면 두 방향에서 경제계획 수립 작업이 본격적으로 진행된다. 하나는 정부의 각 부처와 관계 기관에서 계획의 작성지침에 근거하여 사업계획을 수립하는 것이고, 다른 하나는 실무계획반•을 구성하여 부문계획과 총량계획을 수립하는 것이다. 사실 이 두 가지 활동이 경제계획 수립 과정에서 가장 중요하다고 할 수 있다.

실무계획반: 분과회, 실무계획반 혹은 실무작업반 등으로 불리기도 하였지만, 이들의 기능은 동일하였기 때문에 여기에서는 실무계획반으로 통일하여 부르기로 한다.

경제계획실무위원회 회의 장면

경제계획의 작성지침이나 사업계획 및 부문계획은 경제기획원 차관(위원장)과 각 부처의 차관, 경제에 관한 학식과 경험이 풍부한 자로 구성된 위원회에서 심의, 조정된다. 이 사진은 제3차 계획의 작성지침을 심의하기 위해 1969년 12월 6일에 개최된 경제계획실무위원회 회의 장면을 보여 주고 있다(자료: 경향신문 1969년 12월 6일).

표 9는 제2차 계획 이후의 실무계획반 구성을 정리한 것이다. 표에서 확인할 수 있듯이, 제2차 계획의 실무계획반은 7개가 구성되었고, 제3차 계획은 종합정책에 관한 분과회 6개, 산업정책에 관한 분과회 8개로 총 14개의 실무계획반이 구성되었고, 제4차 계획은 22개가 구성되었다. 실무계획반은 경제계획을 구성하는 부문계획의 작업 단위라고 할 수 있는데, 이런 점에서 실무계획반이 많이 구성되었다

| 표 9 | 제2~4차 경제계획의 실무계획반 구성

차수	총수	실무계획반
제2차 계획	7개	총량 부문, 부문계획 부문, 국제수지 부문, 재정·금융 부문, 농수산 부문, 광공업 부문, 사회간접자본 부문
제3차 계획	14개	① 종합정책에 관한 분과회: 계량분과회, 재정 · 금융분과회, 국제수지분과회, 인력개발 및 과학기술분과회, 사회개발분과회, 지역개발분과회(6개) ② 산업정책에 관한 분과회: 농업개발분과회, 수산개발분과회, 중공업개발분과회, 경공업개발분과회, 광업 · 동력개발분과회, 교통 · 통신개발분과회, 도시 · 주택분과회, 수자원개발 및 기타 건설분과회(8개)
제4차 계획	22개	종합계획반, 물가유통계획반, 국제협력계획반, 인구계획반, 자원계획반, 재정계획반, 내자동원계획반, 농림수산계획반, 에너지계획반, 중공업계획반, 경공업 및 화학공업계획반, 무역계획반, 지역사회개발계획반, 국토 및 산업입지계획반, 주택 및 도시계획반, 교육계획반, 보건 및 사회보장계획반, 수송계획반, 통신계획반, 고용인력 및 과학기술개발계획반, 개발행정계획반, 국제경제계획반

자료: 경제기획원(1982); 대통령령 제3787호, '경제계획실무위원회'(1969. 3. 3); 경제기획원(1975a).

는 것은 경제를 더욱 세분하여 계획 수립 작업을 진행한다는 것을 의미한다. 후술하겠지만, 이와 같이 실무계획반 수가 증가하면서 참가자 수와 범위도 확대되었다.

경제계획 수립 과정에서 나타난 더욱 중요한 변화는 실무계획반에서 집행부서 관료의 역할이 점차 확대되었다는 점이다. 7개로 구성된 제2차 계획의 실무계획반을 주도한 것은 경제기획원 관료였다. 가령 총량계획에 해당하는 총량 부문, 국제수지 부문, 재정·금융 부문의 실무계획반은 경제기획원 경제기획국의 종합기획과, 자금계획과, 물가정책과 관료가 반장이 되어 경제계획 수립을 주도하였고, 부문계획 부문은 경제기획국의 종합기획과와 투자계획과 관료가 주도하였다. 집행부서에서 제출한 사업계획의 생산·고용·국제수지 기여효과 등을 검토하기 위해 구성된 농수산 부문, 광공업 부문, 사회간접자본 부문의 실무계획반은 경제기획국의 투자계획과 관료가 주도하였다. 물론 이 과정에서 다른 정부 부처의 관계자, 국영기업체의 계획 실무자 및 기술자와 해당 부문의 전문가들이 실무계획반에 참여하였지만, 이들의 역할은 경제기획원의 일을 도와주거나 지원해 주는 수준에 머물렀다.

그러나 제3차 계획 이후부터 경제계획 수립의 분권화 경향을 분명히 확인할 수 있다. 우선 실무계획반을 주관한 부서가 경제기획원에서 해당 업무를 관장하는 정부 각 부처로 이동하였다. 표 10은 제4차 계획의 22개 실무계획반 중에서 3개 실무계획반의 주관 부서와 참가자(반원)를 정리한 것이다. 국제협력의 경우 경제협력 업무를 관장하고 있는 경제기획원이, 경공업 및 화학공업의 경우 이를 관장하고

| 표 10 | **제4차 계획의 실무계획반 주관 부서와 반원 현황**

주관 부서	실무계획반	반장	반원	간사
경제기획원	국제협력	경제협력 국장	경제기획원(경협총괄과장, 외자1과장, 투자진흥1과장), 외무부 경제협력과장, 재무부(외환자금과장, 국제금융과장), 상공부 수입계획과장, KDI 서석태, 한국은행(국제수지과장, 금융통계과장)	자금 계획과
재무부	재정계획	세정 차관보	경제기획원 예산총괄과장, 재무부 간접세담당관, 관세제도과장, 내무부(재정과장, 세정과장), 문교부 교육재정과장, KDI 박종기, 한국은행 김상훈, 서강대 교수 김종인, 고려대 교수 김완순	자금 계획과
상공부	경공업 및 화학공업	경공업 차관보	상공부(섬유공업국장, 중소기업국장, 화학공업국장), 재무부 관세조정과장, 산림청 임정국장, KDI 김영봉, 한국과학기술연구소(권태완, 안영옥), 중소기업은행 최흥식, 중소기업협동조합중앙회 황기곤, 대한방직협회 권혁중, 화섬협회 유홍수, 합판공업협회 양우석, 호남에틸렌주식회사 함병소, 락희화학 이정호, 한국석유화학공업협회 이규, 서울공대 교수 이재곤	투자 2과

자료: 부표 참조.

있는 상공부가 주관 부서였다. 재정계획의 경우는 경제기획원이 예산 편성 업무를 담당하였지만, 세정을 직접 관장하고 있는 재무부가 주관 부서로 지정되었다. 22개 실무계획반 전체로 볼 때, 경제기획원이 주관하는 실무계획반은 국제협력, 종합계획, 물가유통, 인구계획 등 4개였고, 상공부는 경공업 및 화학공업, 에너지계획, 중공업계획, 무역계획 등

4개였고, 건설부는 국토 및 산업입지계획, 주택 및 도시계획 등 2개였다. 이들 부처 이외에도 농수산부, 내무부, 문교부, 교통부, 체신부, 보건사회부, 과학기술처 등은 1개 실무계획반을 주관하였고, 심지어 경제과학심의회(자원계획), 행정개혁위원회(개발행정), KDI(국제경제) 등과 같이 정부 부처 이외의 기관에서도 실무계획반을 주관하였다(부표 참조). 이와 같이 경제계획은 점차 경제기획원에서 해당 업무를 관장하고 있는 정부 부처로 권한이 이양되어 수립되었던 것이다.

경제계획 수립의 분권화 경향은 반장의 지위와 반원의 구성을 통해서도 확인할 수 있다. 표 10에서 확인할 수 있듯이, 실무계획반의 반장은 해당 부처 고위 수준의 관료가 담당하였다. 가령 국제협력계획반의 경우 경제협력국장이, 재정계획반의 경우 세정차관보가, 경공업 및 화학공업계획반의 경우 경공업차관보가 해당 계획반의 반장이었다. 더욱이 반원으로 참가한 사람들은 해당 부처 관료만이 아니라 관계 부처 관료도 참가하고 있었다. 예를 들어, 재정계획반은 재무부 관료는 물론 경제기획원의 예산총괄과장, 내무부의 재정과장, 문교부의 교육재정과장이 참여하였다. 이것은 실무계획반을 통해 해당 부처에서 수립한 사업계획이나 부문계획이 관계 부처 관계자가 참여한 속에서 논의·조정되었다는 것을 보여 주는 것이다. 표 10에서 확인할 수 있듯이, 각 실무계획반에는 정부 관료 이외에도 국책연구 기관(KDI)이나 준국가 기관(한국은행)의 전문가 참가는 물론이고 대학 교수, 업종 단체의 대표, 심지어는 민간 기업 대표 등도 참가하였다. 이런 특징은 표에서 제시한 3개 실무계획반에 한정된 것이 아니라 모든 실무계획반에서 확인되는 사실이다(부표 참조).

표 11은 제2차에서 제4차까지의 경제계획 조정기구를 정리한 것이다. 각 실무계획반에서 수립된 부문계획은 그 자체로 종합되어 경제계획의 초안으로 완성되는 것은 아니고, 경제계획 조정기구에서 다시 심의·조정되는 절차를 거치게 된다. 표 11에서 확인할 수 있듯이, 제2차 계획은 경제계획자문위원회, 제3차 계획은 경제계획실무위원회, 제4차 계획은 경제계획조정위원회가 그러한 역할을 수행하였는데, 이들 조정기구에서 두 가지 특징을 확인할 수 있다. 첫째, 위원회가 정부 각 부처의 차관들로 구성

| 표 11 | 제2~4차 경제계획의 조정기구

차수	조정기구	구성
제2차 계획	경제계획 자문위원회	① 위원장 1인(경제기획원 차관)과 30인 이내의 위원 ② 당연직 위원: 행정 각 부처의 차관, 한국은행 부총재, 한국산업은행 부총재, 농업협동조합중앙회 부회장 ③ 위촉 위원: 산업경제 또는 과학기술에 관한 학식과 경험이 풍부한 자 중에서 경제기획원 장관이 위촉하는 자
제3차 계획	경제계획 실무위원회	① 위원장 1인(경제기획원 차관)과 20인 이내의 위원 ② 당연직 위원: 행정 각 부처의 차관, 기획조정실장, 국세청 · 농촌진흥청 · 수산청 · 철도청의 청장 ③ 위촉 위원: 주요 기업체의 임원 및 산업, 경제 및 사회 문제에 관한 학식과 경험이 풍부한 자 중에서 경제기획원 장관이 위촉하는 자
제4차 계획	경제계획 조정위원회	① 위원장: 경제기획원 차관 ② 당연직 위원: 각 원, 부, 처의 차관 및 차장, 정무 담당 무임소장관 보좌관, 경제 담당 무임소장관 보좌관, 국무총리 기획조정실장, 산림청장, 국세청장, 수산청장, 노동청장, 한국은행 부총재, 산업은행 부총재 ③ 위촉 위원: 경제에 관한 학식과 경험이 풍부한 자 중에서 조정위원회의 위원장이 위촉하는 10인 이내의 위원

자료: 대통령령 제2116호, '경제계획자문위원회 규정'(1965. 4. 27); 대통령령 제3787호, '경제계획실무위원회 규정'(1969. 3. 3); 대통령령 제7427호, '경제계획심의회 규정'(1974. 12. 21).

되어 경제계획이 조정되는 과정에서 집행부서의 의견이 충분히 반영되도록 하였다. 더욱이 총량계획을 담당하고 있는 경제기획원 차관이 위원장이어서 총량계획과 부문계획들이 원활히 조정될 수 있도록 하였다. 둘째, 참가자 수가 크게 확대되어 다양한 의견이 반영되도록 하였다. 특히 참가자 수의 확대는 제4차 계획에서 두드러졌다.

이와 같이 경제계획은 실무계획반에서 부문계획을 수립하고, 경제계획조정위원회와 같은 조정기구에서 심의·조정되는 과정을 거쳐 최종적으로 경제기획원에서 종합하여 초안이 만들어진다고 할 수 있다. 이것은 경제계획의 집행과 관련하여 매우 중요한 사실을 보여 준다고 할 수 있다. 보다 구체적으로 말하면, 경제계획의 내용은 대통령이나 경제기획원의 일부 관료만이 이해하고 그것을 일방적으로 정부의 집행부서에 하달하는 것이 아니라, 경제계획을 수립하는 과정에서부터 정부 각 부처의 의견이 반영되고 조정되어 대부분의 정부 관료들은 경제계획이 지향하는 목표나 과제를 충분히 숙지하고 있다는 점이다. 이것은 집행부서의 관료가 거시경제의 여건과 정부의 목표를 정확히 이해하고 민간기업의 유인 구조에 영향을 미칠 효과적인 산업정책을 수립하는 데 기여하였다고 할 수 있다.

4

공표효과와 추진체계

공표효과

경제계획의 추진체계: 수출진흥확대회의

경제계획이 의도한 목표를 달성하기 위해서는 그것이 집행되어야 한다. 경제계획의 집행이란 민간 기업의 기대를 조정하거나 행동을 변화시킴으로써 가능한 것이기 때문에 여기에서는 이 점을 설명하기로 한다.

공표효과

공표효과(announcement effect)는 경제계획을 일반 국민에게 발표하고 민간 기업의 참여를 적극 유도하여 경제계획의 목표가 달성되도록 하는 것을 의미한다. 이것은 정부의 목표와 개발 전략을 분명히 제시하고 경제계획에 순응하여 민간 기업이 행동을 변화시켰을 때 이익을 얻을 수 있을 것이라는 신뢰가 전제될 때 나타날 것이다.

분명한 정부 목표와 과제 제시

자본주의 경제체제의 경제계획은 국민경제의 모든 부문을 포괄할 수 없고, 기본적으로 정부가 달성하고자 하는 목표를 이룰 수 있는 경제 부문 중심으로 수립될 수밖에 없다. 더욱이 경제를 운영하는 과정에서 정부가 예상할 수 없는 경제 활동이 새롭게 창출될 수 있기 때문에 경제계획대로 성과를 거두는 것도 아니다. 따라서 경제계획의 성과는 궁극적으로 민간 기업이 경제계획에 순응하여 얼마나 적극적으로 활동하느냐 여부에 따라 결정되는 것이라고 할 수 있다. 이런 점을 고려할 때 정부는 경제계획을 수립하는 과정에서 경제계획의 실행을 통해 궁극적으로 달성하고자 하는 기본 목표와 그것을 달성하기 위해 정부가 중점적으로 추진하고자 하는 과제를 분명하게 제시하여 국민들의 협조와 참여를 적극 유도할 필요가 있다.

표 12는 박정희 정부하에서 수립된 경제계획의 기본 목표와 중점 과제를 정리한 것인데, 두 가지 특징을 확인할 수 있다. 첫째, 공업화를 통해 경제성장 목표를 달성하고자 하였다는 점이다. 후술하겠지만, 박정희 정부의 목표 성장률은 제1차 계획 7.1%, 제2차 계획 7%, 제3차 계획 8.6%, 제4차 계획 9.2%로 시간이 흐름에 따라 목표 성장률이 증가하는 것으로 계획하였고, 이것은 당시 세계 평균 성장률과 비교해 볼 때에도 매우 높은 수준이었다. 표 12에서 확인할 수 있듯이, 박정희 정부는 이러한 경제성장 목

| 표 12 | **제2~4차 경제계획의 기본 목표와 중점 목표 내용**

차수	기본 목표	중점 과제
2차	산업 구조를 근대화하고 자립경제의 확립을 촉진	1. 식량 자급, 산림녹화와 수산 개발에 주력 2. 화학, 철강 및 기계공업을 건설하여 공업 고도화의 기틀 확립 3. **7억 달러의 수출 달성**, 수입대체를 촉진하여 획기적인 국제수지 개선의 기반 확립 4. 고용을 증대하는 한편 가족계획의 추진으로 인구 팽창을 억제 5. 국민소득을 획기적으로 증가케 하며, 특히 영농을 다각화하여 농가소득 향상에 주력 6. 과학 및 경영기술을 진흥하고 인적 자원을 배양하여 기술 수준과 생산성을 제고
3차	성장 · 안정 · 균형의 조화, 자립적 경제 구조 확립, 지역개발의 균형	1. 주곡의 자급, 농어민 소득 증대, 경지정리 및 기계화 촉진 2. 농어촌의 환경개선, 전기 및 도로망 확충 3. **35억 달러 수출 달성** 등 국제수지 개선 4. 중화학공업 건설하여 공업의 고도화 추진 5. 과학기술의 급속한 향상과 인력 개발 6. 전력, 교통, 통신 등 사회기초시설의 균형된 발전 7. 국토자원의 효율적 개발, 지역개발을 촉진하고 공업과 인구를 분산 8. 주택과 위생시설 및 사회보장을 확충, 근로환경을 개선하여 국민의 복지와 생활 향상 기함
4차	자력성장 구조의 실현, 사회개발의 촉진, 기술의 혁신과 능률의 향상	1. 투자재원의 자력 조달 2. **국제수지의 개선** 3. 산업 구조의 고도화 4. 소득 분배의 개선 5. 생활환경의 개선 6. 과학기술 투자의 확대 7. 경제운용체제의 간소화와 합리화

자료: 대한민국 정부(1962; 1966; 1971; 1976).

표를 공업화를 통해 달성하고자 하였다. 공업화 또는 산업 구조의 근대화 및 고도화가 중점 과제로 명시적으로 제시된 것은 제2차 계획부터이지만, 제1차 계획에서도 '기간산업의 확충'이나 '유휴 자원의 활용 및 고용의 증가' 등의 목표에 공업화의 의도가 포함되어 있었다. 게다가 박정희 정부는 단순히 공업화를 지향한 것이 아니라 지속적으로 공업 구조를 고도화하고자 하였다. 제2차 계획과 제3차 계획의 중점 과제를 보면, '화학, 철강 및 기계공업을 건설'한다거나 '중화학공업을 건설하여 공업의 고도화를 추진'한다고 강조하였다. 물론 경제가 성장하고 규모가 확대되면서 성장 이외에도 다양한 목표들이 제기되었다. 가령 제3차 계획에서는 성장과 안정·균형과의 조화를 강조하였고, 제4차 계획에서는 '성장·형평·능률'을 계획의 이념으로 채택하였지만, 박정희 정부는 일관되게 성장우선주의를 강조하였다.

둘째, 자립경제체제를 확립하고자 하였다는 점이다. 표 12에서 확인할 수 있듯이, 이 목표는 네 차례에 걸친 경제계획에서 한 번도 빠지지 않고 강조되었다. 물론 자립경제의 목표가 '자립경제의 달성을 위한 기반 구축'에서 '자립경제의 확립을 촉진'하는 것으로, 궁극적으로 '자립적 경제 구조 확립' 혹은 '자력성장 구조의 실현'과 같이 경제계획마다 조금씩 다르게 제시되었는데, 이것은 경제가 성장하면서 정부 목표가 그에 상응하여 조정되고 있는 것을 보여 주는 것이다. 한편, 여기서 주의해야 할 것은 박정희 정부가 지향한 자립경제가 당시 사회주의 경제나 제3세계에서 받아들였던 자급자족경제(autarky)를 의미하는 것이 아니라는 점이다. 박정희 정부가 상정한 자립경제는 개방체제하에서 한국경제 스스로 지속적으로 성장해 갈 수 있는 체제를 갖춘 경제(self-sustainable economy)를 의미하였다.

이론적으로 볼 때, 자립경제는 투자재원의 자력조달(저축 갭)과 국제수지의 개선(외환 갭)을 통해 달성될 수 있다. 해외 자원에 의존하여 공업화를 추진하였던 박정희 정부가 국내 저축을 장려하고 징세체계를 개편하는 등 내자 조달을 확대하기 위해 많이 노력하였다는 것은 잘 알려진 사실이지만, 그것이 경제계획의 중점 과제로 제시된 것은 제4차 계획에서 처음이었다. 그러나 국제수지 개선에 대한 강조는 제1차 계획부터 계속 제기되고 있었다. 박정희 정부가 자립경제체제를 확립하기 위한 전략으로 국제수지 개선을 더 중시하였던 것은 분명하다.

국제수지 개선은 두 가지 경로를 통해 달성될 수 있는 것이었다. 하나는 수입 수요를 감소시켜 외화 유출을 줄이는 것이고, 다른 하나는 수출을 확대하여 외화 소득을 증대시키는 것이다. 전자에 중점을 둘 경우 수입대체정책이라 부르고, 후자에 중점을 둘 경우 수출주도정책이라고 부를 수 있다. 표 12에 정리되어 있듯이, 전자에 해당하는 대표적인 목표는 식량 자급이며, 중점 과제에 명시적으로 제시되어 있지 않지만, 공업 생산을 증가시키는 것 자체가 일종의 수입대체정책에 해당한다. 제2장에서 설명하였듯이, 제1차 계획 초기에는 수입대체정책이 강조되었다가 점차 수출주도정책으로 전환되어 갔다고 일반적으로 평가하고 있다.

수출과 관련하여 박정희 정부의 가장 두드러진 특징은 구체적인 숫자로 수출 목표를 제시하고 있다는 점이다. 표 12에 정리되어 있듯이, 제2차 계획에서 박정희 정부는 목표연도(1971)에 '7억 달러 수출 목표를 달성'하겠다고 제시하였고, 제3차 계획에서는 목표연도(1976)에 '35억 달러 수출 목표를 달성'하겠다는 의지를 표명하였다. 이것은 박정희 정부가 경제계획의 기본 목표로서 상정한 자립경제체제의 확립과 경제성장률과 같은 최종 목표를 달성하기 위해 수출주도 공업화 정책을 개발 전략으로 채택하고 있음을 보여 주는 것이라고 할 수 있다.

민간 기업의 기대조정

한국에서 경제계획은 이승만 정부, 장면 정부에서도 수립되었고, 박정희 정부하에서도 수립되었다. 그런데 이승만 정부와 장면 정부에서 수립된 경제계획은 계획의 완성과 함께 발생한 정권교체 때문에 그것을 실천할 수 있는 기회를 잡지 못하였고, 여전히 이것에 대해서는 논쟁점으로 남아 있다. 과연 이 두 정부가 교체되지 않고 계속 집권하였다면 이들 정부에서 수립된 경제계획이 의도한 대로 집행될 수 있었을까? 여기에서는 역사적으로 평가 가능한 박정희 정부 시기의 경제계획을 대상으로 이 문제를 검토하기로 한다.

표 13은 제1차 계획의 목표와 실적을 정리한 것이다. 제2장에서 설명한 바와 같이, 제1차 계획은 7.1%라는 매우 의욕적인 목표 성장률과 그것을 달성하기 위한 전략으로 기간산업과 사회간접자본의 건

| 표 13 | 제1차 계획의 목표 성장률과 실적

(단위: %)

	1962	1963	1964	1965	1966	평균
원계획	5.7	6.4	7.3	7.8	8.3	7.1
수정계획	–	–	5.0	5.0	5.0	5.0
실적	4.1	9.3	8.9	8.1	11.9	8.5

자료: 기획조정실(1967: 27, 43).

설·육성을 주요 목표로 채택하였지만, 박정희 정부는 투자재원의 조달이 원활히 이루어지지 않아 계획 실천에 어려움을 겪었다. 이때 박정희 정부는 계획 실천을 포기하지 않고 제1차 계획의 투자재원 조달에 중요한 역할을 수행하는 미국의 지원을 끌어내기 위해 투자사업의 규모를 줄이고, 목표 성장률을 5%로 낮추는 등 경제계획을 수정하였다. 그러나 표 13에서 확인할 수 있듯이, 제1차 연도를 제외하고는 계획기간 동안에 실적이 목표 성장률을 크게 상회하였다. 제2차 연도인 1963년의 목표 성장률은 6.4%였으나 실적은 9.3%였고, 목표연도인 1966년에는 각각 8.3%와 11.9%를 기록하여 계획기간 동안 연평균 실제 성장률은 8.5%를 기록하여 7.1%의 목표 성장률을 상회하였다. 당연한 이야기이지만, 목표 성장률이 5%로 하향 조정된 수정계획과 비교해 볼

| 표 14 | **제2~4차 경제계획의 목표 성장률과 실적**

(단위: %)

	제2차 계획		제3차 계획		제4차 계획	
	목표	실적	목표	실적	목표	실적
경제성장률	7.0	9.7	8.6	10.1	9.2	5.5

자료: 경제기획원(1982: 358~364).

때 목표와 실적의 갭은 더욱 확대되었다.

경제성장 실적이 목표를 상회한 것은 제1차 계획에서만 발견되는 것이 아니었고, 제2~4차 계획에서도 발견되는 사실이었다. 표 14는 제2차 계획 이후의 목표 성장률과 실적을 비교한 것이다. 표에서 확인할 수 있듯이, 제4차 계획을 제외하면 경제계획에서 설정한 목표는 항상 초과 달성되었다. 가령 제2차 계획의 목표 성장률은 7%였는데, 실적은 9.7%를 보여 2.7% 포인트를 상회하였고, 제3차 계획의 실제 성장률은 10.1%로 8.6%의 목표 성장률을 크게 상회하였다. 다만 박정희 대통령 시해사건 등과 같은 정치적 혼란에 더해 국제적으로 제2차 석유파동 등의 영향을 받은 제4차 계획의 경우에서만 실적은 목표를 달성하지 못하였다.

어떻게 이런 일이 가능하였을까? 표 15는 투자

| 표 15 | 투자 주체별 투자계획 구성

(단위: %)

	제1차 계획	제2차 계획	제3차 계획	제4차 계획
정부	35	41	39	30
민간	65	59	61	70

자료: 대한민국 정부(1962; 1966; 1971; 1976).

주체별로 투자계획의 비중을 정리한 것이다. 이 표에서 확인할 수 있는 사실은 경제계획에 포함된 투자사업이라 하더라도 그것이 전부 정부가 투자 주체가 되어 사업을 추진하는 것이 아니라는 점이다. 정부가 건설·육성하기를 원하였던 투자사업의 목록을 상세하게 제시하였던 제1차 계획의 경우에도 투자계획의 35%만이 정부가 투자 주체가 되어 사업을 추진하려고 하였고, 나머지 65%는 민간 부문이 담당하는 것으로 계획되었다. 경제계획의 투자사업에서 민간이 차지하는 비중은 제2차 계획에서 약간 감소하다 추세적으로는 증가하여 제4차 계획에서 민간 부문의 비중은 투자계획의 70%를 차지하였다. 이런 점을 고려할 때 경제계획이 원활히 집행되기 위해서는 민간 경제 주체들의 적극적인 참여가 무엇보다도 중요하다고 할 수 있다.

민간 경제 주체들을 정부가 수립한 경제계획에 적극 참여시키기 위해서는 세 요인이 중요하다(강광하 2000: 5). 우선 지적할 수 있는 것은 정부가 상정한 목표와 경제계획의 내용을 국민들에게 널리 알리는 것이 중요하다. 정부가 경제계획을 발표하는 가장 중요한 목적 중의 하나는 그것을 통해 국민들에게 정부의 목표와 앞으로 국민경제의 나아갈 방향이나 정부의 경제 운영 방향 등을 천명함으로써 국민들로 하여금 정부 정책에 순응하여 행동을 변화시킬 것을 원하기 때문이다. 다음의 신문기사에서 확인할 수 있듯이, 정부는 경제계획을 수립하고 있거나 초안이 완성된 이후 경제계획에서 달성하고자 하는 목표와 투자 방향 등을 주요 일간지에 공표하는 등 경제계획의 주요 내용을 계속 알리고 있었다.

다음에 지적할 수 있는 것은 정부가 경제계획을 중단하지 않고 계속 추진할 것이라는 신뢰를 국민들에게 주는 것이 중요하다. 앞에서 설명한 바와 같이, 박정희 정부가 제1차 계획을 포기하지 않고 계속 추진한 결과 상당한 성과를 거두었는데, 이것은 민간 기업이 정부의 실천의지를 확인할 수 있는 중요한 계기였다.

132弗의 所得목표

2次5個年계획 靑写真

解放26年에 自足살림

年間成長率7%, 租税負擔늘고

社會間接資本에 集中投資

貯蓄의 大幅増加엔 疑問點

部門別投資計劃

租税計劃

제2차 경제계획 청사진

제2차 경제계획 초안이 완성된 이후 주요 일간지를 통해 제2차 계획의 전모를 소개하고 있다(자료: 경향신문 1966년 6월 18일).

마지막으로 지적할 수 있는 것은 정부 정책이 민간 기업의 행동 변화를 유인할 수 있을 정도로 효과적이어야 한다는 점이다. 자본주의 경제체제의 경

1人當GNP 1,284달러

政府, 4차5년計劃발표

國民總生産 15兆420億원

年 평균成長率 9%로

輸出百30억弗·輸入百24억弗

自立·能率향상·衡平개발力點

정부는 오는77년부터 81년에걸쳐 실시되는 제4차經濟開發5개년계획내용을 18일 발표했다。成長·能率·衡平의 개발이념아래 自立經濟, 社會開發, 기술혁신과능률향상을 3大基本目標로 설정한 이계획은 계획기간중 연평균 成長率을 9%로 잡고 목표연도인 81년의 GNP(國民總生産) 15兆4백20억원(75년不變가격), 1인당 GNP 1천2백84달러(經常가격), 수출1백30억달러, 輸入 1백24억달러 (75년不變가격)로 각각 책정했다。

【관계기사2·3面】

社會 개발에 3兆5千7百20億원

국민擔稅21·5%…失業率 크게 낮춰

南悳祐부총리는 이날 계획의 전모를 발표하면서「목표연도인 81년에가면 우리경제는 國際收支上 經常수입과 지출이 1백60억달러(75년不變가격)내외에서 균형을이루고 總投資率 25·4%(GNP에서의비율)중대부분인 24·9%(75년18·5%)를 國內저축으로조달, 自立的성장기반이 강화될것이」라고 말했다。

南부총리는 특히 이번계획에서는 본격적인 福祉정책을위한 기틀을 마련, 教育 인력개발 주택건설 보건및 上下水道등 社會개발분야에대해 3차계획의1·8倍가되는 총3조5천7백20억원을 투자키로 하고있으며 기술혁신과 能率향상을위해 국민총생산에 대한 과학기술투자를 75년의0·3%수준에서 81년에는 3倍증가시킨 수준으로 높일 계획이라고 밝혔다。

그는 이번4차계획의 기조가 國家의 항구적 안전보장과 국민생활의 量的·質的향상에 있는만큼 계획기간중 國防에대한 경제적 지원을 대폭 강화, 81년의 국방비 부담을 GNP의 7·3%수준까지 높여 80년대의 自主國防을 향한 토대를 굳히는한편 失業率을 가능한한 최저수준으로 낮추기위해 산업정책과 投資配分에 있어서는 노동집약적인 機械, 電子부문을 戰略産業으로 선택했다고 설명했다。

南부총리는 이계획을 뒷받침하기위해 계획기간중1

經濟規模

	單位	1975 (A)	1981 (B)	倍數 B/A	1977~81 年平均增加率 (%)
국민총생산	75년가격 10억원	9,052	15,042	1·7	9·0
	75년가격 10억달러	18·7	31·1	1·7	9·0
	경상가격 10억달러	18·7	49·9	2·7	
인구	백만인	35·3	38·8	1·1	1·6
1인당 GNP	75년가격 천원	257	387	1·5	7·3
	경상가격 달러	530	1,284	2·4	
상품수출	75년가격 10억달러	5·0	13·0	2·6	16·0
	경상가격 10억달러	5·0	17·4	3·5	21·8
상품수입	75년가격 10억달러	6·6	12·4	1·9	12·0
	경상가격 10억달러	6·6	16·6	2·5	17·6

投資와 貯蓄

<國民總生産에 對한支出>

(단위 : 75년 價格 10億원)

	1975		1981		1977~81 年平均增加率 (%)
	金額	構成比 (%)	金額	構成比 (%)	
국민총생산	9,052	100·0	15,042	100·0	9·0
◇소비지출	7,416	81·9	11,292	75·1	7·4
①정부	1,093	12·1	2,336	15·5	13·7
②민간	6,323	69·8	8,956	59·6	6·1
◇총투자	2,460	27·2	3,819	25·4	7·6
①고정자본형성	2,302	25·4	3,518	23·4	7·5
②재고증가	158	1·8	301	2·0	9·0
◇총수출	2,832	31·3	7,695	51·1	17·2
◇총수입(△)	3,867	42·7	7,764	51·6	12·9
◇국내저축	1,636	18·1	3,750	24·9	14·6
◇해외저축	1,035	11·4	69	0·5	△33·4
◇통계상불일치	211	2·3			

産業別成長 (단위 : 75년價格10억원)

	1975 (A)	1981 (B)	倍數 B/A	77~81 年平均增加率 (%)
국민총생산	9,052	15,042	1·7	9·0
◇농림수산업	2,325	2,942	1·3	4·0
◇광공업	2,639	5,643	2·1	13·6
▲제조업	2,536	5,460	2·2	13·8
①중화학공업	1,084	2,809	2·6	18·1
(機械, 電子, 造船)	(334)	(1,153)	(3·5)	(24·6)
(1次 金屬化學)	(750)	(1,656)	(2·2)	(14·5)
◇사회間接資본및기타	4,088	6,457	1·6	8·1

제4차 경제계획 청사진

제4차 경제계획 초안이 완성된 이후 국민경제의 나아갈 방향과 목표 성장률 등을 제시하여 국민들의 참여를 유도하고 있다(자료: 경향신문 1976년 6월 18일).

제계획은 국민경제의 모든 부문을 포괄하지 않기 때문에 정부 정책이 민간 기업의 유인 구조에 영향을 미친다면 경제계획에 포함된 부문은 물론 경제

실천계획과 유도계획

박정희 정부하에서 수립된 경제계획은 시간이 흐름에 따라 그 성격이 변해 갔다고 할 수 있다. 제1차 계획은 정부가 적극 개입하여 계획의 실천을 강제하는 실천계획(imperative plan)의 성격이 분명히 드러난 계획이었다. 가령 제조업 투자계획을 보면, 정부가 건설·육성하고자 하는 투자사업이 구체적으로 제시되었다. 제조업 투자계획에서 가장 큰 비중을 차지하는 화학공업의 경우 정유공장과 다수의 비료공장 건설이 계획되었고, 기계공업에는 기차 차량, 조선업, 종합기계공장, 디젤엔진공장 등의 건설이, 금속공업에는 종합제철공장이, 섬유공업에는 화학섬유공장 등의 건설이 계획되었다. 물론 이것은 제조업에 한정되는 것이 아니었고, 농업, 수산업, 광업을 비롯하여 전력, 교통, 통신 등 제3차 산업에 해당하는 투자사업도 투자계획이 구체적으로 제시되었다. 이와 같이 경제계획에 명시된 투자사업은 정부가 계획의 목표 달성을 위해서는 반드시 실행해야 하는 것을 의미하는 것이었다. 정부가 건설하고자 하는 투자사업을 구체적으로 제시한 것은 제2차 계획에서도 동일하게 나타났는데, 이런 점에서 제2차 계획까지는 실천계획의 성격이 강하였다고 할 수 있다. 그러나 제3차 계획부터는 사업계획의 일환으로 투자사업을 구체적으로 제시하지 않았다. 제3차 계획에서는 업종별 현황과 장래 생산계획 등이 부문계획 속에 포함되어 설명되었고, 제4차 계획에서는 이런 특징이 더욱 강화되었다. 우리가 제3차 계획과 제4차 계획을 유도계획(indicative plan)의 성격을 갖고 있다고 부르는 이유가 여기에 있다.

계획에 포함되지 않은 부문에서 민간 기업의 활동이 매우 활발하게 이루어져 정부 목표를 초과 달성할 수 있는 것이다.

경제계획의 추진체계: 수출진흥확대회의

민간 기업의 행동을 변화시키는 방법에는 앞에서 지적한 공표효과를 통해 민간 기업의 자발적 참여를 유도하는 것도 있지만, 정부가 민간 기업의 행동 변화를 적극 장려하는 방법도 있다. 수출 목표를 달성하기 위한 박정희 정부의 경제 운영은 이런 특징을 잘 보여 준다.

수출 목표와 실적

많은 연구자가 지적하고 있듯이, 박정희 정부의 경제성장은 수출주도 공업화 정책을 채택하고 그것을 일관되게 추진하여 달성되었다고 평가되고 있다. 박정희 정부하에서 시행된 수출지향 공업화 정책은 가격 및 소득 변수에 영향을 주어 민간 기업의 무역 활동을 자극하는 무역정책, 외환·환율정책, 재정·금융정책 등과 같이 금전적 유인을 제공하는 것과, 수출 진흥을 위해 해외 시장을 조사·개척하고 그 성과를 국내에 보급하거나 무역거래를 알선하는 등의 기능을 수행하는 준정부 기관의 설치 등과 같은 비금전적 유인을 제공하는 것도 포함되었다(법률 제1059호, 「대한무역진흥공사법」, 1962. 4. 24). 여기에서는 수출지원정책을 자세하게 검토하는 대신, 우선 박정희 정부 시기에 거둔 목표와 실적을 간략하게 살펴보고, 그 이유에 대해서는 항을 달리하여 설명하기로 한다.

표 16은 박정희 정부 시기의 수출 목표와 실적을 정리한 것인데, 두 가지 사실을 확인할 수 있다. 첫째, 박정희 정부는 수출 목표를 두 가지 방식으로 책정하였다. 하나는 경제개발 5개년계획을 수립하는 과정에서 그 한 부문으로 수출계획을 수립하였다. 이것은 기본적으로 경제계획에서 책정한 연평균 목표 경제성장률과 밀접히 연결되어 책정되었는데, 이렇게 계획한 수출 목표는 결코 낮은 것이 아니었다. 표 16에 정리되어 있듯이, 제1차 계획기간에는 연평균 수출 성장률이 22%였고, 제2차 계획기간에는 16%, 제3차 계획기간에는 21%, 제4차 계획기간에는 12%였다. 다른 하나는 5개년계획에 구애되지 않고 매년 수출 목표를 새롭게 책정하였다. 제2장에서 지적한 바와 같이, 박정희 정부는 1964년을 전후하여 '수출만이 우리 경제의 살 길'이라는 것을 분명히 인식하고 수출주도 공업화 정책을 적극 추진하

| 표 16 | 박정희 정부하의 수출 목표와 실적 비교

(단위: 100만 달러)

		1차 연도	2차 연도	3차 연도	4차 연도	5차 연도	연평균 성장률(%)
		1962	1963	1964	1965	1966	
1차 계획	5개년계획(a)	61	72	84	106	118	22.4
	연차 목표(b)	–	–	120	170	250	42.2
	실적	57	79	121	181	266	
	b/a(배)			1.43	1.60	2.12	
		1967	1968	1969	1970	1971	
2차 계획	5개년계획(a)	300	360	420	480	550	15.6
	연차 목표(b)	350	470	700	1,000	1,350	38.4
	실적	359	504	703	1,003	1,352	
	b/a(배)	1.17	1.31	1.67	2.08	2.45	
		1972	1973	1974	1975	1976	
3차 계획	5개년계획(a)	1,584	2,027	2,493	2,975	3,510	21.0
	연차 목표(b)	1,750	2,350	4,500	6,000	6,500	36.9
	실적	1,806	3,257	4,713	5,409	8,115	
	b/a(배)	1.10	1.16	1.81	2.02	1.85	
		1977	1978	1979	1980	1981	
4차 계획	5개년계획(a)	8,248	9,692	11,194	12,705	14,165	11.8
	연차 목표(b)	10,000	12,500	15,500	–	–	24.1
	실적	10,047	12,710	15,056	17,506	20,993	
	b/a(배)	1.21	1.29	1.38			

자료: 최상오(2010b: 373)에서 재인용.

였으며, 그 일환으로 매년 수출 목표(표의 연차 목표)를 책정하였다.

둘째, 연차 목표는 박정희 정부 기간 동안에 항

상 달성되었다. 표 16과 같이, 연차 목표는 5개년계획에서 제시한 목표보다 항시 높게 책정되었다. 표의 마지막 칼럼에 제시되어 있듯이, 연차 목표의 연평균 성장률은 5개년계획의 그것보다 거의 두 배 이상 높았다. 제1차 계획기간 동안의 5개년계획 목표와 연차 목표의 연평균 수출 성장률은 각각 22%와 42%였고, 제2차 계획기간에는 각각 16%와 38%, 제3차 계획기간에는 21%와 37%, 제4차 계획기간에는 각각 12%와 24%였다. 사실 이렇게 책정된 연차 목표는 결코 낮은 것이 아니었는데, 표 16에서 확인할 수 있듯이, 1975년과 1979년을 제외하고 매년 초과 달성되었다.

수출 실적의 국제 비교: 1962~1979년간 연평균 수출 성장률을 국제 비교해 보면, 30% 이상 국가는 2개국, 20% 이상 국가는 7개국, 15% 이상 국가는 22개국이었다. 이 중에서 한국은 39%로서 1위였고, 32%를 기록한 리비아가 2위였으나 리비아와 비교되는 한국의 특징은 공업제품 수출을 통해 그러한 성과를 달성하였다는 점이다(최상오 2013: 190~200).

주지하듯이, 급속한 수출 성장은 한국의 경제성장을 이끌었던 핵심 동력이었다. 이하에서는 이러한 수출 성장이 어떻게 가능하였는지를 살펴보기로 한다.

수출진흥확대회의

수출진흥확대회의는 박정희 정부하의 수출 증가를 추동하였던 핵심적인 장치라고 알려져 있다. 이하에서는 수출진흥확대회의가 어떻게 수출 증가에 기여하였는가를 구체적으로 살펴보자.

회의 개최와 참석자

수출지향 공업화를 채택하였던 박정희 정부는 "수출 진흥에 관한 종합적 계획과 이에 관련되는 중요한 정책을 심의하기 위하여" 1962년 12월에 수출진흥위원회를 설치하였다(각령 제1113호, 「수출진흥위원회 규정」, 1962. 12. 29). 그러나 이 위원회는 국무총리를 위원장으로 하고 경제기획원 장관 등 정부 각 부처 장관을 위원으로 구성되었지만, 효과적인 수출지원정책을 수립하는 데에는 한계가 있었다. 수출성장을 통해 경제성장 목표를 달성하고자 하였던 박정희 정부는 상기한 심의기구를, 변화하는 경제상황에 맞게 수출지원정책을 신속히 수립·결정하고, 수출기업의 애로사항을 직접 들을 수 있으며, 수출 실적을 정기적으로 점검할 수 있는 점검기구로 개편하여 수출 목표를 달성하고자 하였다. 수출진흥확대회의는 이런 목적을 위해서 1965년 2월에 처음 도입되었다.

표 17에 정리되어 있듯이, 수출진흥확대회의는 정기적으로 개최되었다. 이 회의가 처음 도입된

| 표 17 | 연도별 수출진흥확대회의 개최 횟수

연도	1965	1966	1967	1968	1969	1970	1971	1972
횟수	5	11	12	12	12	12	11	11
연도	1973	1974	1975	1976	1977	1978	1979	
횟수	10	11	10	10	10	9	6	

자료: 최상오(2010b: 365)에서 재인용.

1965년(5회)과 박정희 정부의 마지막 해인 1979년(6회)을 제외하고, 거의 매월 개최되었다. 그렇다고 통상 알려진 것처럼, 매월 한 번도 빠지지 않고 개최된 것은 아니었지만, 매년 10회 내지 12회가 개최되어 정기적으로 개최되었다고 할 수 있다. 회의의 정기성은 개최 시기에서도 확인할 수 있는데, 이 회의는 월말 월요일이나 수요일에 개최되었다.•

수출진흥확대회의 개최의 정기성: 1965년 6월 회의에서 이 회의를 매월 셋째 주 월요일에 정기적으로 개최하기로 결정한 이후, 반드시 셋째 주는 아니었지만 월말 월요일에 개최한다는 이 원칙은 1972년 초까지 지켜졌다. 그 이후에는 월말 수요일로 변경되어 1977년 1월까지 이 원칙이 유지되었다. 이때까지 개최된 회의 총수 128회 중에서 25회를 제외한 나머지 103회(80%)는 월말 월요일, 수요일 원칙이 지켜졌다(최상오 2010b).

이와 같이 확대회의가 안정적으로 개최될 수 있었던 것은 이 회의에 대한 대통령의 관심과 정기적인 참석이 결정적으로 중요하였다. 현재 확인한 사실에 따르면, 박 대통령은 1967년 3회(4월, 5월, 10월), 1972년 1회(4월), 1976년 1회(4월)를 제외하고, 이 회의에 매월 참석하였다. 표 17에 정리된 바와 같이, 1965~1979년 동안에 개최된 회의 수는 총 152회였으나 대통령이 참석한 횟수는 무려 147회로 사실상 거

수출진흥확대회의 장면
1972년에 회의 장소가 청와대에서 중앙청으로 변경된 이후 개최된 회의로 그 이전보다 많은 사람들이 참석할 수 있었다(소장기관: 국가기록원).

의 매월 참석하였다고 할 수 있다. 후술하겠지만, 이것은 대통령의 수출에 대한 관심을 반영하는 것이고, 그런 만큼 다른 경제 주체의 행동 변화에 커다란 영향을 끼쳤다고 생각한다.

대통령 이외의 참석자 수와 범위를 파악하는 것도 이 회의의 기능을 이해하는 데 중요하다. 현재 확대회의에 참석한 사람들의 전모를 체계적으로 보여주는 자료는 없는 것 같다. 그러나 참석자 총수를 알 수 있거나 제한적이지만 참석자 전모를 파악할 수 있는 회의도 두 개 사례가 존재한다. 이에 근거하여 판단할 때, 참석자 수는 확대회의 도입 초기에는 대략 30여 명 수준이었고, 1960년대 후반에는 50명에서 70명 내외를 유지하였다가 1972년 이후에는 100명을 훨씬 초과하는 사람이 참석하였다고 생각한다. 이와 같이 참석자 수가 증가하면서 참석자의 종사 분야도 넓어졌다. 확대회의 도입 초기에는 기존 수출진흥위원회 위원에 민간의 경제단체나 수출기업 대표 등이 추가되었지만, 1960년대 후반에는 수출 관련 정부 부처의 실무 책임자(주로 국장 및 과장급), 금융 기관 대표, 학계 등으로 확대되었다. 참석자 수가 크게 증가한 1970년대에는 정치계, 지방정부 관계자 등도 참석하였고, 특히 이 시기에 주목되는 것은 업종별 단체 대표가 대거 참석하였다는 점이다(최상오 2010b: 367~369). 이와 같이 수출진흥확대회의는 수출에 직접적인 이해관계를 갖고 있는 대부분의 사람들이 참석하는 회의였던 것이다.

회의 운영과 수출 점검

수출진흥확대회의가 수출 성장에 어떻게 기여

하였는지를 분석하기 위해서는 이 회의가 실제 어떻게 운영되었는지를 파악할 필요가 있다. 현재 이 회의의 운영 과정을 파악할 수 있는 음성 파일이 일부 확대회의에 대해 남아 있고, 그 파일을 녹취한 녹취록이 발간되어 회의 진행 상황과 회의에서 보고된 내용 등을 파악할 수 있다.• 1972년을 사례로 하여 확대회의의 진행 상황을 간략히 소개하면 다음과 같다. 우선 회의는 오전에 개최되었고, 진행시간은 2시간 내외였다. 회의는 유공자 표창, 상공부 장관 모두 발언, 상공부 보고, 외무부 보고, 기타 보고, 업계 건의 및 정부 답변, 대통령 훈시 등의 순서로 진행되었다. 물론 모든 회의에서 이와 동일한 순서로 진행되었는지는 정확히 알지 못하지만, 대체적으로 이와 유사한 순서로 진행되었다고 생각한다. 이 중에서 가장 많은 시간을 차지한 것은 상공부와 외무부 보고였다. 이 두 부처의 보고는 전체 회의시간의 약 2/3를 차지할 정도로 가장 중요한 부분이었다. 그런데 상공부와 외무부의 보고도 일정한 패턴을 가지고 있었다. 연말 회의에서는 다음 해의 수출 목표를 결정하여 보고하고 그것을 달성하기 위해 시행되어야 할 수출진흥정책을 보고하였다면, 연초 회

수출진흥확대회의의 음성 파일 현황: 음성 파일이 남아 있는 연도별 확대회의의 수는 1971년 1회, 1972년 7회, 1973년 8회, 1974년 10회, 1975년 10회, 1976년 10회, 1977년 10회, 1978년 9회, 1979년 6회이다. 물론 음성 파일이 회의의 전 과정을 전부 녹음한 것은 아니며, 또한 각 회의마다 수록 분량에서 커다란 차이가 존재한다(이영훈·최상오·류상윤 외 2013: 32~43).

| 표 18 | 상공부의 수출 실적 보고 내용(1972년 10월)

항목	보고 내용
총량 실적	① 9월 말 수출 실적, 금년도 수출 목표에 대한 9월 말 현재 달성도 ② 전년 동기 대비 증가율, 9월 말 현재 수출 목표 대비 실적
상품 구조별	① 농산물, 수산물, 광산물, 공산품의 수출 실적, 금년도 수출 목표에 대한 달성도 ② 전년 동기 대비 증가율, 9월 말 현재 수출 목표 대비 실적 ③ 공산품의 경우 업종별 달성도, 전년 동기 대비 증가율, 목표 대비 실적
품목별	① 주요 수출품의 9월 말 수출 실적, 금년도 수출 목표에 대한 9월 말 현재 달성도 ② 품목별 전년 동기 대비 증가율, 9월 말 현재 수출 목표 대비 실적 ③ 품목별 수출 호조 이유와 부진 이유 설명
지역별 · 국가별	① 아시아, 북미, 유럽, 대양주, 아프리카 등으로 나누어 9월 말 수출 실적, 금년도 수출 목표에 대한 9월 말 현재 달성도, 전년 동기 대비 증가율 ② 주요 국가별 수출 목표 대비 실적 및 전년 동기 대비 증가율 ③ 국가별 수출 호조 이유와 부진 이유 설명

자료: 최상오(2010b: 376)에서 재인용.

의에서는 전년도 수출 실적을 종합적으로 평가하여 보고하고, 당해 연도 수출진흥정책의 세부 시행계획을 보고하였다. 연중에는 매월 수출 실적을 분석하여 보고하고, 주요 시책의 추진 현황을 보고할 뿐 아니라 경제 상황의 변화에 대응하여 수정되거나 새롭게 시행될 정책들을 보고하였다.

표 18은 상공부의 보고 내용을 간략히 정리한 것이다. 보고는 총량 실적, 상품 구조별, 품목별, 지역별·국가별로 구분하여 그 실적을 수출 목표와 비교

하여 보고되었다. 우선 총량 실적의 경우, 9월 말 수출 실적과 그것의 1972년 수출 목표 대비 달성도, 월별 목표 달성도와 아울러 전년 동기 대비 증가율 등을 자세하게 보고하였다. 상품 구조별 보고에서는 농산물, 수산물, 광산물, 공산품으로 구분하여 수출 목표 대비 실적의 달성도를 보고하였고, 품목별 보고에서는 주요 수출품의 수출 목표 대비 달성도를 일일이 보고하였으며, 아울러 실적의 호조 및 부진 이유를 분석하여 보고하였다. 지역별·국가별 보고에서도 상기한 것과 동일한 방식으로 보고되었다. 지역은 아시아, 북미, 유럽, 대양주(오세아니아 대륙), 아프리카 등으로 구분하여 수출 목표 대비 실적을 보고하였고, 미국·일본과 같이 주요 수출국에 대해서는 국가별로 수출 목표 대비 실적을 보고하였으며, 동시에 지역별 및 국가별 수출 실적 호조 및 부진 이유를 분석하여 보고하였다. 여기서 기준이 되는 수출 목표는, 표 16에서 제시한 연차 목표였으며, 상공부의 이런 보고 내용은 다른 수출진흥확대회의에서도 동일하게 발견되는 것이었다. 상공부와 관장하는 업무가 달랐던 외무부는 외국과의 경제협력, 해외에서 전개되고 있는 주요 현안, 시장 개척 및 확대를 위한 외교 활동과 관련 정보 수집 내용 등을 보고하였다.

박정희 대통령은 수출진흥확대회의를 통해 매월 정기적으로 수출 실적을 점검하였다. 대통령의 수출에 대한 관심은 그가 이 회의에 거의 빠지지 않고 매월 참석하였다는 사실과 이 회의의 마지막에 진행되는 대통령 훈시에서 "우리의 살 길은 수출하는 길밖에 없다."는 것을 계속 강조하는 것을 통해서도 확인할 수 있다. 경제성장을 위해서는 수출 증가가 반드시 필요하다는 사실을 누구보다도 정확히 알고 있었던 대통령이 수출 실적과 정부의 경제외교 활동 등을 점검하고, 민간 수출기업의 애로사항을 직접 들었다는 것은 정부 관료와 민간 수출기업의 행동 변화에 중요한 영향을 미쳤다. 정보의 비대칭성하에서 개별 관료들은 대통령의 관심 혹은 국민경제의 성장에 대한 관심보다 개인의 이익 추구를 우선할 가능성이 높기 때문에 이들의 기회주의적 행동(opportunistic behavior)을 억제할 필요가 있는데, 수출진흥확대회의는 관료들의 기회주의적 행동을 억제하고 성과 지향적으로 만든 유용한 제도적 장치였다. 게다가 수출진흥확대회의는 민간 기업들이 대통령의 수출에 대한 관심을 확인하고 또한 수출 목표를 달성하였을 때 얻을 수 있는 이익이 분명하다는 점을 깨닫고 자신들의 행동을 변화시키는 중요한 계기를 제공해 주었다고 할 수 있다.

나가며

1945년 8월에 일제로부터 해방된 한국경제는 식민지 경제 구조의 붕괴로 경제침체와 혼란에 빠졌다. 여기에 경제적 보완성이 강하였던 남한과 북한 경제가 분단되어 경제 회복은 지연되었고, 한국전쟁은 그나마 남아 있던 사회기간시설과 산업시설마저 파괴하여 경제 활동과 국민들의 생활 수준은 급격히 감소하였다. 이로부터 불과 10년이 지나지 않은 1960년대 초부터 한국경제는 빠르게 성장하기 시작하였는데, 많은 연구자들은 정부의 역할에 주목하였다. 정부의 역할은 다양한 분야에서 연구 성과를 축적시켜 왔으나 경제개발계획과 경제성장 간의 인과 관계를 구체적으로 설명하는 사례는 드물었다. 경제개발계획에 대한 기존 연구는 경제계획과 기획기구가 경제성장에 기여하였다는 전제 위에서 경제계획과 기획기구의 역사적 기원 분석, 경제계획의 잦은 수정, 경제기획원과 다른 중화학공업추진기획단의 설치, 그리고 경제계획과 구분되는 별도의 중화학공업육성계획을 수립하고 추진하였다는 것과 같이 경제계획의 외형적 변화에 주목하였다. 그러나 이 책에서는 경제계발계획과 경제성장 간의 인과 관계 규명이라는 관점에서 한국의 경제계획을 검토하였으며, 그 내용을 요약하면 아래와 같다.

제1장에서는 박정희 정부 시기에 수립된 경제계획의 기원을 검토하였다. 경제계획의 수립은 두 가지 흐름이 중요하였다. 첫째, 세계적 차원에서의 변화이다. 경제계획은 러시아가 사회주의 국가로 전환된 이후 경제적 후진성을 극복하고 선진국 경제를 따라잡기 위한 수단으로 1929년에 처음 수립되었고, 그 이후 중남미 대륙에서 멕시코, 콜롬비아, 파라과이 등의 국가에서 경제계획이 수립되었다. 그러나 경제계획은 제2차 세계대전 이후에 세계적으로 확산되어 대부분의 국가에서 본격적으로 수립되기 시작하였다. Waterston(1965)의 조사에 따르면, 180여 개 국가 혹은 지역에서 경제계획이 수립되었고, 그것은 사회주의 국가는 물론 자본주의 국가에서도

활발하게 경제계획이 수립되었다. 게다가 제2차 세계대전 이후에 경제계획을 수립하는 국가들은 자본 축적이 미약하고, 자원이 부족한 후발 개도국은 물론 전쟁의 파괴로부터 경제를 재건하고자 하는 선진 국가에서도 수립되었고, 심지어는 선진국의 원조를 받기 위해 경제계획을 수립하는 경우도 있었다. 이들이 경제계획을 수립한 이유는 부족한 자원을 효율적으로 이용하여 현재의 경제적 후진성을 극복하고 국민들의 생활 수준을 향상시킬 수 있는 효과적인 수단이라고 생각하였기 때문이었다.

둘째, 한국 내에서의 경제계획 수립 경험의 축적이다. 한국에서 경제계획은 정부 수립 직후부터 수립되기 시작하였다. 이것은 식민지 시기부터 경제계획을 수립한 경험이 있었기 때문이기도 하지만, 위에서 지적한 바와 같이 경제적 후진성을 극복하기 위한 유용한 수단으로 경제계획의 필요성이 이미 세계적으로 널리 확산되었기 때문이기도 하였다. 한국 정부에서 수립한 초기의 경제계획은 물자부족 문제를 완화하기 위해 수립한 물자수급계획의 성격을 띠었고, 거의 1년 단위의 계획이었다. 그러다 원조가 감소하는 1950년대 후반이 되면서 원조

없이도 지속 가능한 경제, 즉 자립경제체제의 확립이 요구되고 사회적으로는 경제개발 의지가 확산되면서 장기경제계획이 수립되었다. 이승만 정부의 경제개발 3개년계획과 민주당 정부의 경제개발 5개년계획은 이런 배경하에서 수립되었다. 이 계획은 그 이전 계획과 비교할 때, 다년 계획이고 물자수급계획의 성격에서 벗어나 현재의 경제 상태를 개선하고 더 나은 미래를 만들기 위해 수립된 계획이었다.

이상과 같이 박정희 정부는 경제계획 수립에 관한 경험과 지식을 축적하고 있었기 때문에 경제계획을 수립하는 것은 큰 문제가 아니었다고 본다. 그렇다면 박정희 정부와 그 시기에 수립된 경제계획이 의미가 있는 것은 경제계획 그 자체라기보다는 그것의 집행과 그것이 경제성장에 기여한 기능과 역할일 것이다.

제2장에서는 박정희 정부의 등장이 갖는 의미와 군사정부에서 수립한 제1차 계획과 그것의 수정이 갖는 의미를 검토하였다. 첫째, 박정희 정부는 그 이전 정부와 비교할 때 두 가지 점에서 차이를 보였다. 하나는 정권 연장이나 통일과 같이 정치 문제보다 경제 문제를 정부의 최우선 과제로 상정하였다는

점이다. 이것은 군사정변 직후부터 제1차 계획의 수립을 위한 작성지침을 준비하고, 경제계획 수립을 주도할 경제기획원을 신속하게 설치한 것에서 확인할 수 있었다. 이것은 경제제일주의를 채택하였지만 정치 불안으로 경제개혁을 원활하게 추진하지 못하였던 장면 정부와도 비교된다. 다른 하나는 박정희 정부가 경제성장을 지향하였다는 점이다. 이것은 제1차 계획의 목표 성장률을 통해서 확인할 수 있다. 제1차 계획에서 상정한 목표 성장률은 7.1%였는데, 이것은 그 이전에 수립된 경제계획의 목표 성장률을 2% 포인트 정도 상회하는 것이었고, 또한 당시의 실제 성장률을 크게 상회하는 것이었다. '지나치게 의욕적'이라는 비판에도 불구하고 성장 지향적이었던 박정희 정부는 이 목표 성장률을 채택하였다.

둘째, 박정희 정부는 경제계획 추진 의지가 매우 강하였다. 제1차 계획은 농가소득을 향상시키고, 기간산업과 사회간접자본을 건설·확충하여 국내 수요를 국내 생산으로 충족하려는 수입대체 공업화 정책에 근거하여 추진하려고 하였다. 그러나 수입대체 공업화 정책을 추진하는 데 소요되는 투자재원이 부족하여 제1차 계획을 추진할 수 없게 되자 박정희 정부는 투자재원 공급에서 중심 역할을 수행하는 미국 정부의 요구를 받아들여 제1차 계획을 수정하였다. 사실 이것은 두 가지 점에서 매우 중요한 의미를 갖는다고 할 수 있다. 하나는 박정희 정부가 경제계획을 추진하려는 의지가 매우 강하였다는 점을 보여 주는 것이라고 할 수 있다. 투자재원이 원활하게 공급되지 않게 되면 제1차 계획의 추진은 어렵게 되는데, 이러한 문제를 해결하기 위해 목표 성장률을 낮추고 투자계획을 축소하는 방향으로 경제계획을 수정하였던 것이다. 다른 하나는 자립경제의 기반을 조성하고 장기적으로는 자립경제체제를 확립하는 데 기여할 수 있으며, 경제성장에 직접적인 효과를 거둘 수 있는 올바른 공업화 정책을 채택하였다는 것이다. 물론 수입대체 공업화 정책에서 수출주도 공업화 정책으로의 전환이 미국의 요구였는지, 잔여적 선택지였는지, 아니면 민간 기업의 수출 성과를 반영한 박정희 정부의 선택이었는지에 대해서는 다양한 의견이 있다. 그러나 박정희 정부는 최소한 1964년에는 수출주도 공업화 정책을 확실히 선택하였고, 이것은 한국경제의 장기 성장에 결정적인 역할을 수행하였다.

제3장에서는 경제계획의 집행이란 관점에서 기획기구로서 경제기획원의 설립과 조직, 그리고 경제계획의 수립 과정의 변화를 통해 경제계획의 집행이 원활히 이루어질 수 있는 조건이 형성되었다는 점을 검토하였다. 이와 관련하여 두 가지 점이 중요하다. 첫째, 경제기획원의 기능과 위상이 중요하였다. 경제기획원은 경제계획의 수립을 주도할 전담 기관으로 군사정변 직후인 1961년 7월 22일에 설립되었다. 경제기획원은 기획 기능, 예산 편성 기능, 외자 도입 및 배분 기능에 더해 국민경제의 실태를 파악할 수 있는 통계 수집 및 작성 기능을 갖고 있어 경제계획을 수립하고 조정하는 데 매우 중요한 역할을 수행하였다. 게다가 행정부 우위의 정책결정 체계에서 경제기획원은 국무총리 소속 기관으로 객관적인 입장에서 국민경제를 평가하고 미래의 청사진을 제시할 수 있는 역할을 수행하였고, 경제기획원 장관이 부총리를 겸임하여 정부의 각 집행부서에서 수립한 계획이나 정책을 조정할 수 있는 지위에 있었다. 이런 경제기획원의 기능과 위상은 경제계획을 수립하는 과정에서 중요한 역할을 수행하였

던 것이다.

둘째, 경제계획을 수립하는 과정에서 정부 부처 간 정책 조정이 원활히 이루어질 수 있어 경제계획의 집행에 좋은 여건이 마련되었다. 통상 경제계획의 수립을 주도하는 것은 경제기획원이지만, 그에 근거하여 구체적인 정책을 입안·시행하는 것은 정부 각 집행부서이다. 따라서 경제계획의 집행이 원활히 이루어지기 위해서는 기획부서와 집행부서의 갭을 메우고 기획부서에서 추진하고자 하는 정책 방향을 정확히 이해하고 이에 맞게 집행부서에서 계획과 정책을 수립하는 것이 중요하다. 박정희 정부하에서는 기획부서와 집행부서의 정책 조정이 다양한 차원에서 진행되었다. 우선 지적할 수 있는 것은 경제계획을 수립하기 위해 실무계획반을 구성하였다는 점이다. 이 실무계획반에는 경제기획원 관료는 물론 관련되는 집행부서의 관료들도 참석하여 상호 의견을 교환하였다. 물론 제2차 계획기에는 경제기획원 관료 주도로 실무계획반이 운영되었지만, 점차 집행부서의 관료가 반장이 되어 부문계획의 수립을 주도하였다. 이것은 집행부서가 정부의 정책 방향을 이해하고 그에 맞는 계획과 정책을 수립하는 데 기여하였다고 할 수 있다. 여기에 더해 박정희 정부하에서의 정책 조정은 경제계획조정위원회와 같은 상위 레벨의 조정기구에서 한 차례 더 경제계획의 조정이 이루어졌는데, 이것 역시 집행부서가 효과적인 정책을 수립하는 데 기여하였을 것이다.

제4장에서는 경제계획을 통해 민간 기업의 행동 변화를 유도할 수 있는 방안을 검토하였는데, 두 가지 방법이 중요하였다. 첫째, 공표효과이다. 공표효과란 경제계획의 내용을 국민에게 발표하여 민간 기업이 자신의 행동을 변화시켜 경제계획의 목표가 자연스럽게 달성되는 것을 의미한다. 특히 자본주의 국가의 경제계획은 정부계획 속에 포함되지 않은 부문이 있을 수 있고 예상하지 못한 새로운 경제활동이 창출될 수 있기 때문에 민간 기업의 참여를 적극 유도하는 것은 매우 중요하다. 이와 관련하여 먼저 지적할 수 있는 것은 정부가 지향하는 목표와 이를 달성할 수 있는 중점 과제를 분명하게 전달하는 것이다. 박정희 정부가 지향한 기본 목표는 궁극적으로 자립경제체제를 확립하는 것이었고, 이것은 공업화, 공업 구조의 고도화와 수출 증대를 통한 국제수지를 개선함으로써 달성하고자 하였다. 이것은

경제계획이 수립되는 중이나 완성된 이후에 주요 일간지에 보도되어 국민들의 관심을 계속 이끌어 낼 수 있었다. 다음에 중요한 것은 정부가 경제계획을 계속 추진할 것이라는 신호를 민간 기업에게 주어야 하고, 마지막으로 중요한 것은 민간 기업의 기대를 조정할 정도로 효과적인 정책을 입안·추진하였다는 점이다.

둘째, 정부가 경제계획의 집행을 정기적으로 점검하고 독려하였다. 이에 해당하는 대표적인 사례는 박정희 정부의 경제성장의 원동력이었다고 인정되는 수출주도 공업화 정책을 추진하는 것이었다. 박정희 정부는 1964년을 전후하여 수출과 경제성장 간의 관계를 확실히 알아서 수출주도 공업화 정책을 채택하였고, 수출 성장을 중점 과제로 상정하였다. 이에 박정희 정부는 매년 수출 목표를 채택하였고, 그것을 점검할 수 있는 수출진흥확대회의를 1965년 2월에 처음으로 도입하였다. 이 확대회의는 도입 이후 거의 매월 정기적으로 개최되었으며, 수출에 관심이 높았던 박정희 대통령도 거의 매월 참석하였다. 1965년에서 1979년 사이에 개최된 회의 총수는 152회였는데, 대통령이 참석한 횟수는 147회였다. 이 확대회의에는 대통령 이외에도 수출 관련 정부 부처 관료, 수출기업 대표, 업종별 단체 대표, 경제단체 대표, 금융 기관 관계자 등은 물론 학계, 심지어는 정치계 인사까지 참여하는 대규모 회의였다. 이 회의에서 가장 중요한 것은 수출 업무에 직접 연관되는 상공부와 외무부 보고였다. 이들은 매월 품목별, 상품 구조별, 국가별로 수출 실적을 보고하면서 수출 동향을 점검하였는데, 이것은 관료들의 기회주의적 행동을 억제하고 성과 지향적인 관료로 변화시켰을 뿐 아니라 민간 기업들의 행동 변화에도 중요한 영향을 미쳤다.

경제개발계획은 자본 축적이 미약하고 시장이 미발달한 후발국에서 경제적 후진성을 극복하고 경제성장을 달성하기 위한 수단으로 제2차 세계대전 이후 활발하게 수립되었다. 그러나 경제계획의 수립이 경제성장을 보장해 주는 것은 아니었고, 한국은 예외적으로 경제성장에 성공한 국가였다. 경제계획과 경제성장 간의 인과 관계의 해명에 초점을 맞추었던 이 책은 경제계획의 내용보다는 경제계획의 집행, 즉 경제계획의 기능과 역할을 중심으로 설명하였다. 사실 경제계획의 집행은 정부에서 수립하고 추진한 다양한 경제정책, 산업정책에 대한 설명이 같이 이루어져야 하나 지면의 제약 때문에 포함하지 못하였다. 그럼에도 불구하고 이 책이 한국의 경제개발계획을 이해하고 한국의 경제성장 경험을 이해하는 데 도움이 되기를 기대해 본다.

| 부표 | 제4차 계획의 실무계획반 현황(1975년 7월)

주관	실무계획반	반장	반원	간사
경제기획원	종합계획	기획차관보	한국개발연구원 수석연구원(송희연, 김윤형), 한국은행(국민소득과장, 산업연관분석과장, 특수연구실과장)	종합기획과
	물가유통	물가정책국장	경제기획원(물가정책과장, 통계국 물가통계과장), 농수산부 시장과장, 상공부 소비경제과장, KDI(송희연, 김윤형), 한국은행 물가조사과장, 장기자원대책위원회 정보실장, 한국마켓팅센터 사무국장	종합기획과
	국제협력	경제협력국장	경제기획원(경협총괄과장, 외자1과장, 투자진흥1과장), 외무부 경제협력과장, 재무부(외환자금과장, 국제금융과장), 상공부 수입계획과장, KDI 서석태, 한국은행(국제수지과장, 금융통계과장)	자금계획과
	인구계획	통계심의관	경제기획원(인구통계과장, 인구과 김남일), 보사부(가족계획보좌관, 해외이주담당관), 건설부 국토계획과장, 내무부 주택도시과장, 서울시 도시계획과장, KDI(김대영, 김선웅), 가족계획연구원 고갑석, 인구문제연구소장 최영해, 서울대 교수 권태완, 홍익대 교수 박내영, 동아대 교수 박재영, 경희대 교수 이한순, 서울여대 교수 윤종규	투자4과
경제과학심의회	자원계획	제1조사분석실장	경과심 서기관 정해주, 농수산부(식량기획과장, 비료과장), 상공부(에너지개발과장, 정유과장, 제철과장, 광산과장, 유기화학과장, 섬유원료과장, 금속과장), 산림청 경영계획담당관 배인환, 한국은행 차장 이상근, 한국과학기술연구소 기술실장 박한웅, KDI 주임연구원 유병서, 고려대 교수 최영박, 한국산업개발연구소 자원개발부장 김원주, 전경련 산업부장 엄기섭, 서울대 교수 심정섭, 국민대 교수 김봉구, 지질광물연구소 지원개발부장 김원주	투자2과
재무부	재정계획	세정차관보	경제기획원 예산총괄과장, 재무부 간접세담당관, 관세제도과장, 내무부(재정과장, 세정과장), 문교부 교육재정과장, KDI 박종기, 한국은행 김상훈, 서강대 교수 김종인, 고려대 교수 김완순	자금계획과
	내자동원	이재국장	부반장: 재무부 금융제도심의관. 재무부(이재2과장, 금융제도심의담당관, 금융정책과장, 증권2과장, 보험과장), KDI(사공일, 박영철), 한국은행(조사1부 금융재정과장, 저축부 저축추진담당과장, 조사2부 연관분석과장), 투공 조사부장	자금계획과

| 부표 | 계속

주관	실무계획반	반장	반원	간사
농수산부	농림수산	기획관리실장	재무부 관세조정과장, 농수산부(농업기획관, 농업통계관, 농업경제연구소장), 산림청 기획관리관, 수산청 기획관리과, 농촌진흥청 기획관리관, KDI(수석연구원 문팔용, 초청연구원 반성환), 농협중앙회 조사부장 최병황, 수협중앙회 기획조사부장 신영중, 고려대 교수 김준보	투자1과
상공부	에너지계획	자원차관보	상공부(동력개발국장, 광무국장), 건설부 수자원국장, 공업진흥청 품질관리국장, 과학기술처 자원개발관, 산림청 영림국장, 서울시 산업국장, KDI 수석연구원 김윤형, 산업은행 조사과장, 석유공사 재무담당 상무 손보관, 대한광업진흥공사 석탄개발단장 송태윤, 석탄공사 이사 나인구, 한국과학기술연구소 박원희, 연세대 교수 한만춘, 한국산업개발연구소 소장 백영훈	투자2과
	중공업계획	중공업차관보	상공부(공업기획국장, 중공업국장, 기계공업국장, 화학공업국장), 재무부(금융제도심의관, 관세제도과장), 건설부 산업입지국장, 과기처 인력계획관, 중화학기획단 기획관, KDI 수석연구원 김윤형, 한국과학기술연구소(장경택, 유성재), 산업은행 조사부장 조용섭, 전경련 조사부장, 상공회의소 조사부장, 기계공업진흥회 진흥부장 송병남, 한국정밀기기센터 기획실장, 한국해사기술연구소 신동식, 한국산업개발연구소 백영훈	투자2과
	경공업 및 화학공업	경공업차관보	상공부(섬유공업국장, 중소기업국장, 화학공업국장), 재무부 관세조정과장, 산림청 임정국장, KDI 김영봉, 한국과학기술연구소(권태완, 안영옥), 중소기업은행 최흥식, 중소기업협동조합중앙회 황기곤, 대한방직협회 권혁중, 화섬협회 유홍수, 합판공업협회 양우석, 호남에틸렌주식회사 함병소, 락희화학 이정호, 한국석유화학공업협회 이규, 서울공대 교수 이재곤	투자2과
	무역계획	상역차관보	상공부(수출계획과장, 수입계획과장), 농수산부 유통국 수출과장, 재무부(금융정책과장, 관세조정과장), 교통부 외항과장, 무역진흥공사(지역조사부장, 상품정보부장), KDI 수석연구원 홍원탁, 한국은행(국제수지과장, 금융통계과장), 한국무역협회 조사부장	자금계획과

| 부표 | 계속

주관	실무계획반	반장	반원	간사
내무부	지역사회 개발	새마을 담당관	내무부(새마을기획과장, 새마을지도과장 문창수), 농수산부 새마을소득과장, 보사부 환경위생과장, 체신부 종합기획과장, 건설부 주택과장, 산림청 조림과장 강기봉, 수산청 협동조합과장 김응수, 농업경제연구소 농산과장, 농촌진흥청 지역사회개발과장 동열소, KDI 초청연구원 반성환, 농협중앙회 새마을사업부 차장, 수협중앙회 새마을지도부 차장, 한국전력 기술이사 성낙정	투자1과
건설부	국토 및 산업입지	국토계획 국장	건설부(국토계획과장, 지역계획과장, 입지계획과장, 수도과장, 하천계획과장), KDI 수석연구원 송병락, 한국과학기술연구소 연구원 이종화	투자3과
	주택 및 도시계획	주택 도시국장	내무부 도시지도과장, 건설부(주택과장, 도시계획과장), 서울시 주택행정과장, KDI 수석연구원 송병락, 한국과학기술연구소 연구원 장정도, 서울공대 교수 주종원, 한국주택은행 심사담당이사, 대한주택공사 기획담당이사, 연세대 도시문제연구소 소장 노정현, 한국부동산학회 회장, 서울대 환경대학원 교수 권태준, 한국산업개발연구소 소장 백영훈	투자4과
문교부	교육계획	기획 관리실장	문교부(수석편수관, 기획예산담당관, 공업교육과장, 교육재정과장, 시설기획과장, 재외국민교육과장, 국민체육과장), 서울대 교수 김종철, 연세대 교수 이규호, 서울대 교수 김상주, KDI 김영봉, 한국교육개발연구원 김신복	투자4과
교통부	수송계획	수송 조정실장	건설부(도로조사담당관, 항만계획담당관), 교통부(기획총괄담당관, 관광진흥과장), 철도청 기획예산담당관, 서울시 지하철본부 건설과장, KDI 수석연구원 송병락, 한국과학기술연구소 교통경제연구실장 황규복, 한국경제개발협회 연구실장 김동규	투자3과
체신부	통신계획	기획 관리실장	체신부(기획예산담당관, 우정기획과장, 경영개선담당관, 電務 종합기획과장, 전파관리국 감시과장), KDI 유훈, 서울대 행정대학원 김해동, 한국과학기술연구소 전산과장 성기수, 한국과학기술연구소 전자공학부장 김종연, 한국전기통신연구소(김춘택, 연구위원 남기만, 이종택)	투자3과

| 부표 | 계속

주관	실무계획반	반장	반원	간사
보건사회부	보건 및 사회보장	기획 관리실장	보사부(기획예산담당관, 의정과장, 보건과장, 연금기획과장, 사회개발담당관), 총무처 연금기획과장, 내무부 행정과장, 노동청 보험관리과장, 원호처 기획예산담당관, KDI 수석연구원(주학중, 박종기), KDI 초청연구원 홍문신, 한국과학기술연구소 연구원 이병돈, 서울대 교수(박형종, 허정, 한달선), 연세대 의대 교수 김인순, 서강대 교수 김종인, 성대 교수 노동문제연구소장 탁희준, 한국병원협회 이사 최진학	투자4과
과학기술처	고용인력 및 과학 기술개발	종합계획관	경제기획원 인구통계과장, 문교부 산학협동과장, 노동청(기획예산담당관, 노동조합과장, 직업훈련과장, 직업안정과장, 근로기준과장, 산업안전과장, 부녀소년과장), 과학기술처(인력계획관, 기술개발관, 선박연구소장, 해양개발연구소장), 한국과학기술연구소 경제분석실장, 한국과학원(정근모, 윤덕용), 한국과학기술정보센터 유경희, KDI 김수곤, 서울대 교수(고영복, 정경현), 전경련 홍영표	투자4과
행개위	개발행정	제2 조사 연구실장	행개위 조사연구실(허석, 장만훈, 최규학, 김남권), 경제기획원 조사통계국 기획과장, 총무처 중앙전자계산소 기획과장, 총무처(조직관리과장, 인사제도담당관, 관리분석관, 교육훈련담당관, 연금기획과장), 과기처 김영중, 민간인 박은태	종합 기획과
KDI	국제경제	수석연구원 (김적교)	한국개발연구원 수석연구원 서석태, KDI 연구원 김재원, 무역협회 조사부장 정익주, 전경련 조사부장 신봉식, 무역진흥공사 지역조사부장 전명진, 해외경제연구소 연구실장 김인홍, 한은 해외조사과장 문정영, 외환은행 조사과장 박태하	

자료: 경제기획원 경제기획국(1975b), 「경제개발 4차 계획」, 국가기록원 자료.

참고문헌

경제기획원(1965), 『제2차 경제개발 5개년계획 작성지침』, 국가기록원 소장문서.

______(1969), 『제3차 경제개발 5개년계획 작성지침(안)』, 국가기록원 소장문서.

______(1975a), 『제4차 경제개발 5개년계획 작성지침』, 국가기록원 소장문서.

______(1975b), 『경제개발 4차 계획』, 국가기록원 소장문서.

국가재건최고회의(1961), 『종합경제재건계획(안) 해설, 1962-1966』.

기획조정실(1967), 『제1차 경제개발 5개년계획 평가보고서』, 국무총리 기획조정실.

기획처(1953), 「원조자금에 의한 경제재건계획이 기본방침」, 국가기록원 소장.

대한민국 정부(1962), 『제1차 경제개발 5개년계획, 1962-1966』.

______(1964), 『제1차 경제개발 5개년계획, 보완계획』.

______(1966), 『제2차 경제개발 5개년계획, 1967-1971』.

______(1971), 『제3차 경제개발 5개년계획, 1972-1976』.

______(1976), 『제4차 경제개발 5개년계획, 1977-1981』.

부흥부(1955), 『한국경제부흥계획서』(시안).

______(1959), 『경제개발 3개년계획 시안에 관한 종합 검토』, 부흥부 산업개발위원회.

______(1960), 『경제개발 3개년계획』, 부흥부 산업개발위원회.

강광하(2000), 『경제개발 5개년 계획 – 목표 및 집행의 평가』, 서울대학교출판부.

강광하·이영훈·최상오(2008), 『한국 고도성장기의 정책결정체계 – 경제기획원과 정책추진 기구』, KDI.

경제기획원(1982), 『개발연대의 경제정책 – 경제기획원20년사』, 경제기획원.

기획처(1949), 「물동5개년계획」, 공보처, 『주보』 8호(1949. 5. 25).

______(1953), 「54년도 한국경제부흥계획」, 공보처, 『주보』 78호.
김기승(2003), 「민주당 정권의 경제정책에 관한 연구」, 조광·허동현·김기승 등, 『장면총리와 제2공화국』, 경인문화사, 135~218.
김보현(2019), 「박정희 정부시기 경제개발 5개년계획의 수정에 관한 연구 – 계획 합리성인가, 성장 숭배인가?」, 『경제와 사회』, 통권 제124호, 328~356.
김일영(2008), 「한국에서 '기획' 개념과 제도의 역사적 기원과 발전」, 『한국동북아논총』 제47집, 305~325.
내무부 통계국(1953), 『대한민국통계연감』.
木宮正史(기미야 다다시)(1991), 「한국의 내포적 공업화전략의 좌절 – 5·16군사정부의 국가자율화의 구조적 한계」, 고려대학교 정치외교학과 박사학위논문.
박성진(2016), 「경제참모본부의 식민지적 유산과 제1공화국 기획처의 탄생」, 『동아연구』 제35권 제2호, 29~67.
박태균(2000), 「1956-1964년 한국 경제개발계획의 성립과정 – 경제개발론의 확산과 미국의 대한정책 변화를 중심으로」, 서울대학교 국사학과 박사학위논문.
______(2007), 『원형과 변용 – 한국 경제개발계획의 기원』, 서울대학교출판부.
오원철(1995), 『한국형 경제건설』 1, 한국형경제정책연구소.
이병천(1999), 「박정희 정권과 발전국가 모형의 형성 – 1960년대 초 중엽의 정책전환을 중심으로」, 『경제발전연구』 제5권 제2호, 141~187.
이영훈·최상오·류상윤 외 정리, 『수출진흥확대회의 녹취록, 1971-1974』 1, 한국개발연구원.
정진아(2022), 『한국경제의 설계자들 – 국가주도 산업화정책과 경제개발계획의 탄생』, 역사비평사.
조영준·류상윤·홍제환(2019), 『한국경제의 재건을 위한 진단과 처방』, 한국학중앙연구원출판부(*An Economic Programme for Korean Reconstruction*).
차세영(2018), 「계획, 기획 그리고 행정조직: 한국 고도성장기 행정에 대한 비판적 근거이론 해석」, 『한국행정학보』 제52권 제4호(겨울), 467~500.
최상오(2008), 「1950년대 계획기구의 설립과 개편: 조직 및 기능변화를 중심으로」, 『경제사학』 제45호, 179~208.

_____(2010a), 「한국에서 수출지향공업화정책의 형성과정」, 『경영사학』 제25권 제3호, 197~224.

_____(2010b), 「한국의 수출지향공업화와 정부의 역할 - 수출진흥확대회의를 사례로」, 『경영사학』 제25권 제4호, 355~383.

_____(2013), 『원조, 받는 나라에서 주는 나라로』, 대한민국역사박물관 한국현대사 교양총서, 나남.

한국은행(1949), 「5개년 물동계획의 의의」, 『조사월보』 23호.

_____(1951), 「부흥물동계획」, 『조사월보』 37호, 133~117.

Cole, David and Princeton Lyman(1971), *Korean Development: The Interplay Politics and Economics*, Harvard University Press.

Haggard, Stephan, Kim Byung Kook, and Moon Chung In(1991), "The Transition to Export-led Growth in South Korea: 1954-1966," *The Journal of Asian Studies*, Vol. 50, No. 4, 850~874.

Maddison, Angus(1995), *Monitoring the World Economy*, 1820-1992, OECD.

Waterston, Albert(1965), *Development Planning – Lessons of Experience*, The Johns Hopkins Press.

찾아보기